Sobre a brevidade da vida
Sobre a firmeza do sábio

SÊNECA (Lúcio Aneu Sêneca) nasceu em Córdoba, aproximadamente entre 4 a.C. e 1 d.C. Era de família abastada, que se transferiu para Roma quando ele e seus dois irmãos, Novato e Mela, eram crianças. Muito jovem, Sêneca estudou com o estoico Átalo e com dois neopitagóricos, Sótion de Alexandria e Papírio Fabiano, discípulos do filósofo romano Quinto Séxtio, que professou uma doutrina eclética e possivelmente original, combinando elementos do estoicismo e do pitagorismo. Talvez por motivos de saúde, Sêneca transferiu-se, por volta de 20 d.C., para Alexandria, no Egito, de onde retornou em 31. Quase aos quarenta anos iniciou carreira como orador e político, no cargo de questor, tendo em seguida ingressado no Senado. Frequentou a corte de Calígula, onde estabeleceu vínculos com as irmãs do imperador: Livila, Drusila e Agripina Menor, mãe do futuro imperador Nero. Sendo figura destacada no Senado e no ambiente palaciano, devido a intrigas políticas foi envolvido numa conjuração contra Calígula. Teria se livrado da condenação à morte provavelmente por intercessão de aliados, que alegaram já estar ele condenado a uma morte natural iminente, devido a uma doença pulmonar crônica. Pouco depois, morto Calígula em 41, Sêneca tornou-se alvo de Messalina, esposa do imperador Cláudio, num confronto entre esta e as irmãs de Calígula. Acusado de manter relações adúlteras com Livila, Sêneca teve sua morte decretada pelo Senado. Por intervenção do próprio imperador, a pena foi comutada em exílio, que durou oito anos, na ilha de Córsega, período em que o filósofo se dedicou aos estudos e à composição de obras em prosa e em verso. Após a morte de Messalina (48 d.C.), a nova esposa de Cláudio, sua sobrinha Agripina, possibilitou o retorno de Sêneca, em 49 d.C., e o instituiu como preceptor de seu filho Nero, então com doze anos. Morto Cláudio em 54, Nero foi nomeado seu sucessor e Sêneca tornou-se o principal conselheiro do jovem príncipe. Seguiu-se um período de equilíbrio político que durou cinco anos (54-9). No entanto, o conflito de interesses envolvendo, de um lado, Agripina e seus aliados e, de outro, conselheiros de Nero, os quais, por sua vez, se opunham a Sêneca, levou a uma crise que resultou na morte de Agripina, em 59, e no gradual enfraquecimento político de Sêneca. Em 62, Nero recusou-lhe uma solicitação para afastar-se inteiramente das atividades de governo. Mesmo assim, alegando idade avançada e saúde precária, Sêneca passou a consagrar-se prioritariamente ao *otium*, o que significava dedicação à leitura e à escrita. Sua relação com Nero deteriorou-se, entre outros motivos, pelo prestígio do filósofo em setores do meio político e intelectual, que viam nele a figura de um governante ideal. No início de 65, Sêneca foi apontado entre os participantes de uma conjuração para derrubar o príncipe. Condenado à pena capital, morreu em 19 de abril.

JOSÉ EDUARDO S. LOHNER é graduado em letras, com bacharelado em português e latim, e doutor em letras clássicas, ambos os títulos pela Faculdade de Filosofia, Letras e Ciências Humanas da Universidade de São Paulo, onde atua como docente da área de Língua e Literatura Latina e do programa de pós-graduação em Letras Clássicas. Há vários anos dedica-se ao estudo e à tradução da obra de Sêneca, sobre a qual tem publicações acadêmicas. Traduziu as tragédias *Agamêmnon* (Globo, 2009) e os diálogos *Sobre a ira* e *Sobre a tranquilidade da alma* (Penguin--Companhia das Letras, 2014).

Sêneca

Sobre a brevidade da vida
Sobre a firmeza do sábio

diálogos

Tradução e notas de
JOSÉ EDUARDO S. LOHNER

14ª *reimpressão*

COMPANHIA DAS LETRAS

Copyright © 2017 by Penguin-Companhia das Letras
Copyright da tradução e das notas © 2017 by José Eduardo S. Lohner

Grafia atualizada segundo o Acordo Ortográfico da Língua Portuguesa de 1990, que entrou em vigor no Brasil em 2009.

Penguin and the associated logo and trade dress are registered and/or unregistered trademarks of Penguin Books Limited and/or Penguin Group (USA) Inc. Used with permission.

Published by Companhia das Letras in association with Penguin Group (USA) Inc.

TÍTULOS ORIGINAIS
De Brevitate Vitae e
De Constantia Sapientis

PREPARAÇÃO
Cláudia Cantarin

REVISÃO
Ana Maria Barbosa
Valquíria Della Pozza

Dados Internacionais de Catalogação na Publicação (CIP)
(Câmara Brasileira do Livro, SP, Brasil)

Sêneca, ca. 4a.C.-65.
  Sobre a brevidade da vida. Sobre a firmeza do sábio : Diálogos / Sêneca ; tradução José Eduardo S. Lohner. — 1ª ed. — São Paulo: Penguin Classics Companhia das Letras, 2017.

  Títulos originais: *De Brevitate Vitae* e *De Constantia Sapientis*.
  ISBN 978-85-8285-050-3

  1. Ética I. Título.

17-03641   CDD-170

Índice para catálogo sistemático:
  1. Ética : Filosofia 170

Todos os direitos desta edição reservados à
EDITORA SCHWARCZ S.A.
Rua Bandeira Paulista, 702, cj. 32
04532-002 — São Paulo — SP
Telefone: (11) 3707-3500
www.penguincompanhia.com.br
www.blogdacompanhia.com.br
www.companhiadasletras.com.br

Sumário

SOBRE A BREVIDADE DA VIDA   7

SOBRE A FIRMEZA DO SÁBIO   37

Notas   63
Bibliografia   77

Sobre a brevidade da vida

A PAULINO

1   I A maior parte dos mortais, Paulino, queixa-se da malignidade da natureza, porque somos gerados para uma curta existência, porque esse espaço de tempo que nos é dado transcorre tão veloz, tão rápido, que, com exceção de bem poucos, os demais a vida os deixa exatamente nos preparativos para a vida. E não é, conforme opinam, só a massa de insensatos que deplorou esse mal comum: esse sentimento provocou queixas também de homens ilustres. Daí aquela conhecida frase do maior dos médicos: "A vida
2   é breve, a arte é longa". Daí também o questionamento de Aristóteles, nada conveniente para um homem sábio, quando protesta contra a natureza pelo fato de ela ter concedido aos animais uma vida tão longa que eles podem durar cinco ou dez gerações, e ao homem, criado para tantas e importantes realizações, ter estabelecido um
3   limite tão inferior. Não dispomos de pouco tempo, mas desperdiçamos muito. A vida é longa o bastante e nos foi generosamente concedida para a execução de ações as mais importantes, caso toda ela seja bem aplicada. Porém, quando se dilui no luxo e na preguiça, quando não é despendida em nada de bom, somente então, compelidos pela necessidade derradeira, aquela que não havíamos
4   percebido passar, sentimos que já passou. É assim que acontece: não recebemos uma vida breve, mas a fazemos; dela não somos carentes, mas pródigos. Tal como amplos

e magníficos recursos, quando vêm para um mau detentor, são dissipados num instante, ao passo que, por mais modestos que sejam, se entregues a um bom guardião, crescem pelo uso que se faz deles, assim também a nossa existência é bastante extensa para quem dela bem dispõe.

2 Por que nos queixamos da natureza? Ela se revelou benigna: a vida será longa se souberes utilizá-la. No entanto, um é dominado por uma avareza insaciável, outro, por um empenho laborioso em tarefas inúteis; um vive impregnado de vinho, outro se entorpece na preguiça; este se vê esgotado por uma ambição sempre dependente de julgamentos alheios; aquele, um desejo irrefreável de comerciar o conduz por todas as terras e todos os mares na esperança de lucro; a cobiça de feitos militares atormenta alguns, sempre empenhados em levar perigo a outros ou inquietos pelo próprio. Há os que, por voluntária servidão, se consomem na veneração ingrata de seus superiores. Muitos se detiveram na busca da sorte alheia ou na lamentação da sua; a grande maioria, que nada persegue ao certo, foi lançada a novos projetos por sua frivolidade volúvel, inconstante e descontente consigo mesma; a alguns não agrada nenhuma meta para a qual possam direcionar seu percurso, mas o destino os surpreende entorpecidos e bocejantes, de tal modo que eu não duvidaria ser verdadeiro o que no maior dos poetas vem afirmado à maneira de um oráculo: "É diminuta a parte da vida que vivemos". Realmente, todo o período restante não é vida, e sim tempo. Por todo lado suas imperfeições os encalçam e circundam e não permitem que se reergam ou que levantem os olhos para discernir a verdade, mas os retêm submersos e fixados nos desejos. Nunca lhes é possível voltar-se para si mesmos. Se alguma vez lhes advém casualmente algum repouso, agitam-se, tal como em alto-mar, onde mesmo depois dos ventos subsiste a turbulência, e jamais se veem desocupados de seus desejos. Achas que eu falo desses cujos males são incontestáveis? Olha aqueles

para cuja felicidade todos acorrem: são sufocados pelos próprios bens. Para quantos as riquezas são opressivas! Quanto a eloquência de muitos e o encargo cotidiano de dar prova de seu engenho os fazem verter sangue! Quantos empalidecem por seus prazeres contínuos! A quantos não deixou nenhuma liberdade o bando de clientes que os rodeia! Enfim, percorre todos esses, desde os mais humildes até os mais elevados: este invoca um defensor, aquele lhe presta assistência, um está em perigo, outro o defende, um outro o julga, ninguém reivindica ter a posse de si mesmo, um se consome por causa de outro. Informa-te sobre esses cujos nomes se conservam na memória; verás que eles são reconhecíveis pelas seguintes características: aquele é ligado a sicrano, este outro, a beltrano; ninguém pertence a si próprio. Então é uma insensatez completa a indignação de alguns: eles se queixam do menosprezo dos que lhes são superiores porque não tiveram tempo para eles quando desejavam encontrá-los! Ousa queixar-se da soberba do outro alguém que para si mesmo nunca tem tempo? Aquele, porém, mesmo com expressão insolente, em algum momento olhou para ti, quem quer que sejas, ouviu tuas palavras, admitiu-te a seu lado: tu jamais te dignaste a te observar e a te ouvir. Assim, não há razão para que censures em alguém essas obrigações, posto que, na verdade, sempre que tu as cumprias, não é que desejavas estar com a outra pessoa, mas não podias estar contigo mesmo.

3 É possível que todos os talentos geniais que alguma vez brilharam nisto concordem unânimes: nunca ficarão estupefatos o bastante diante dessa turvação das mentes humanas. Não toleram que suas propriedades sejam ocupadas por ninguém e, se há uma pequena disputa sobre a medida de seus limites, recorrem a pedras e armas; já em suas vidas consentem que outros se instalem, e até mesmo introduzem eles próprios os que vão ser os possessores dela. Não se encontra ninguém que queira repartir seu dinheiro; já sua vida, quanto cada um a distribui entre muitos! São

mesquinhos na retenção do patrimônio; mas, tão logo se trate de gastar tempo, são extremamente pródigos com a única coisa em relação à qual a avareza é honrosa. Eu gostaria de abordar uma pessoa dentre as mais idosas da seguinte maneira: "Vemos que tu chegaste a um estágio avançado da vida humana, pesam-te nas costas cem anos ou mais. Vamos, faz o cômputo de tua existência: calcula quanto desse tempo um credor, quanto uma amante, quanto um rei, quanto um cliente te subtraiu, quanto uma desavença conjugal, quanto o castigo dos escravos, quanto o obrigatório ir e vir pela cidade; acrescenta as doenças que nos causamos por nós mesmos, acrescenta também o tempo que se perdeu sem uso: verás que tu tens bem menos anos do que enumeras. Repassa na memória, quando é que estiveste seguro de uma decisão tua, quão poucos dias decorreram tal como havias planejado, em que momento estiveste disponível para ti, quando tua face manteve expressão normal, quando tua alma se manteve impassível, que obra realizaste em uma vida tão longa, quantas pessoas saquearam tua vida sem que tu percebesses o que perdias, quanto te subtraiu uma tristeza inútil, uma alegria tola, uma cupidez voraz, uma conversa fútil, quão pouco te foi deixado do que era teu. Compreenderás que estavas morrendo prematuramente".

Qual é então a causa disso? Viveis como se sempre havereis de viver, nunca vos ocorreu vossa fragilidade, não observais quanto tempo já transcorreu. Desperdiçais como se de uma fonte plena e abundante, quando, nesse ínterim, exatamente aquele dia que é doado a uma pessoa ou a uma tarefa talvez seja o último. Tendes medo de tudo como mortais, desejais tudo como imortais. Tu vais ouvir muitos dizendo assim: "A partir dos cinquenta anos vou me retirar, aos sessenta me liberarei de minhas obrigações". E quem tomas como fiador de uma vida tão longa? Quem irá aceitar que as coisas se passem tal como dispões? Não te envergonha reservar para ti essas sobras de vida e destinar ao aprimoramento da alma apenas esse tempo que não se poderia empregar em mais nada? Quanto é tardio começar a viver só quando é hora de terminar! Que estúpido esquecimento da condição mortal adiar para os cinquenta e os sessenta anos as decisões sensatas, e então querer começar a vida num ponto até o qual poucos chegaram!

4 De homens os mais poderosos e elevados a uma alta posição verás escaparem palavras pelas quais desejam e louvam o tempo disponível para si mesmos, e o preferem a todos os demais bens. Por vezes desejam descer daquele fausto, desde que se possa fazê-lo em segurança. De fato, mesmo que nada a ataque ou abale, a fortuna por si mesma desmorona sobre si.

O divino Augusto, que os deuses elevaram mais do que a nenhum outro, não deixou de solicitar repouso para si e de pedir afastamento da administração pública. Toda conversa sua sempre esteve voltada para este ponto: que ele esperava retirar-se. Porém, ele se distraía de suas fadigas com este doce consolo, mesmo que falso: o de que um dia haveria de viver para si. Em uma carta enviada ao Senado, na qual prometera que seu repouso não estaria livre de uma função dignitária, nem seria discrepante de sua glória anterior, encontrei as seguintes palavras: "Mas isso pode ser mais ilusoriamente prometido do que realizado. No entanto, posto que a alegria real ainda demora, o desejo de um momento por mim tão almejado levou-me a experimentar de antemão algo desse prazer pelo deleite de expressá-lo em palavras". O ócio pareceu-lhe um bem tão grande que ele o tomou antecipadamente em pensamento, posto que pelo usufruto não podia. Ele que via todas as coisas subordinadas exclusivamente a si, ele que ditava a sorte de homens e nações, com toda alegria imaginava aquele dia em que haveria de despojar-se de sua grandeza. Ele havia experimentado quanto suor produziam aqueles bens que brilhavam por todo o mundo, quantas preocupações encobriam: levado a combater primeiro contra seus concidadãos, depois contra seus colegas, por fim, contra parentes, espalhou sangue por mar e por terra. Depois de ter circulado em guerra pelas províncias da Macedônia, Sicília, Egito, Síria, Ásia Menor e por quase todas as regiões do Império, ele direcionou para guerras externas os exércitos cansados do morticínio entre romanos. Enquanto pacifica os Alpes e doma inimigos que vieram a se integrar à plena paz imperial, enquanto estende as fronteiras além do Reno, do Eufrates e do Danúbio, na própria Roma afiavam-se contra ele as espadas de Murena, Cepião, Lépido, Egnácio e de outros. Não havia ainda escapado das insídias desses opositores quando sua filha e tantos jovens nobres, entregues ao adultério como que a uma prática devocional, aterrorizavam sua idade já avançada, e ainda Iulo e de novo uma mulher em temível união com um Antônio. Mal havia extirpado essas úlceras junto com os próprios membros, outras brotavam por baixo; tal como em um corpo com excesso de sangue, sofria-se sempre uma hemorragia em alguma parte. Assim, ele ansiava por retiro, em cuja esperança e projeção se acalmavam os seus sofrimentos. Esse era o voto daquele que podia satisfazer todos os votos.

5 Marco Cícero, fustigado entre Catilinas e Clódios, de um lado, e Pompeus e Crassos, de outro, aqueles, inimigos declarados, estes, amigos duvidosos, enquanto balança à deriva com a República e tenta detê-la em seu naufrágio, para no fim ser tragado com ela, nem tranquilo na prosperidade, nem capaz de tolerar as adversidades, quantas vezes não abomina até aquele seu consulado, louvado por ele não sem motivo, mas sem limites! Que palavras lamentáveis ele exprime em uma epístola a Ático, depois de já derrotado Pompeu, o pai, quando então o filho procurava recompor na Hispânia suas forças dispersas! "Queres saber", diz ele, "o que faço aqui? Permaneço semilivre em minha vila de Túsculo." Outras palavras acrescenta, com as quais deplora a época anterior, queixa-se

da presente e desespera da que virá. Cícero se diz semilivre: mas, por deus, nunca um sábio recorrerá a um termo tão humilhante, nunca será semilivre uma pessoa de liberdade íntegra e sólida, independente, de pleno direito e mais elevada que as outras. Ora, o que pode estar acima daquele que está acima da fortuna?

6 Lívio Druso, homem atuante e enérgico, depois de fazer aprovar leis revolucionárias, maléficas como as dos Gracos, sob apoio maciço de enorme grupo vindo de toda a Itália, sem ver claramente uma saída para sua política, que nem podia fazer avançar, nem, uma vez iniciada, era livre para abandonar, segundo se conta, execrava sua vida desde o início agitada, dizendo que só a ele nunca havia acontecido de ter alguns dias de descanso, nem mesmo quando rapaz. De fato, ainda adolescente e vestindo a pretexta, ousava fazer recomendações sobre réus diante dos juízes e exercer sua influência no foro, de modo realmente tão eficaz que há notícia de ele ter ganhado algumas causas. Onde não iria dar tão prematura ambição? Era possível saber que essa audácia tão precoce resultaria em um mal enorme, fosse privado ou público. Assim, tarde ele se queixava de nunca ter tido férias, sendo desde rapaz sedicioso e molesto no foro. Discute-se se ele causou a própria morte; de fato, sucumbiu depois de repentinamente sofrer um ferimento na virilha. Se duvidavam alguns de ter sido voluntária sua morte, ninguém, de ter sido oportuna.

Seria supérfluo mencionar muitas pessoas que, apesar de para os outros parecerem felicíssimas, deram contra si testemunho exato ao odiar toda atividade que empreenderam em seus anos. Mas, com tais lamentos, não modificaram nem os outros, nem a si próprias, pois seus sentimentos retornam ao padrão habitual logo depois de descarregados pelas palavras.

Mas, por deus, vossa vida, ainda que se estenda por mais de mil anos, estará confinada em um período muito estreito: já os vícios não deixarão de devorar época alguma.

De fato, é forçoso que logo vos escape esse espaço de tempo que é dilatado por via da razão, ainda que por natureza ele corra. Realmente não podeis apanhar nem reter ou retardar a mais veloz de todas as coisas, contudo permitis que ela se vá como algo supérfluo e renovável.

1   7 Ora, à frente de todos coloco aqueles que não têm tempo para nada, exceto para o vinho e os prazeres, pois ninguém tem ocupação mais torpe. Outros, mesmo quando dominados por uma imagem vã de glória, ao menos se equivocam faustosamente. Ainda que me enumeres homens avarentos ou iracundos, ou os que se obstinam em ódios injustos ou em guerras, todos esses erram com bastante virilidade: é desonrosa a degradação dos que se devotam ao ventre e aos prazeres.

2   Examina o tempo total dessas pessoas, olha quanto dele empregam em fazer cálculos, quanto em armar ciladas, quanto em recear, quanto em adular, quanto em ser aduladas, quanto as ocupam os processos judiciais, seus e os dos outros, quanto os jantares, que já se incluem entre seus deveres: verás como nem seus males, nem seus bens não lhes permitem tempo nem de respirar.

3   Enfim, é consenso que nenhuma atividade pode ser bem exercida por um homem ocupado, nem eloquência, nem estudos liberais, dado que seu espírito sobrecarregado não absorve nada de modo mais profundo, mas rejeita tudo como se lhe tivesse sido imposto. Nada é menos peculiar do homem ocupado do que viver. Não há coisa mais difícil de saber do que viver. São comuns e numerosos os que professam outros conhecimentos, alguns dos quais até mesmo crianças parecem ter tão perfeitamente aprendido que também podem ensinar. É preciso durante toda a vida aprender a viver e, o que talvez cause maior admiração,

4   é preciso durante toda a vida aprender a morrer. Muitos homens, dos mais importantes, tendo se desvencilhado de todos os seus entraves, posto que haviam renunciado a riquezas, cargos, prazeres, até o fim de seus dias trataram apenas disto: de saber viver. E, no entanto, muitos deles

deixaram a vida depois de confessar que ainda não tinham tal conhecimento, de modo que menos ainda o têm esses outros que mencionei. Acredita-me, é próprio de um grande homem, daquele que está acima dos erros humanos, não permitir que tomem nada de seu tempo, e é por isto que a vida dele é muito longa: porque todo o tempo que lhe esteve disponível foi inteiramente reservado para si. Dele nada ficou sem uso e ocioso, nada esteve na dependência de outra pessoa, pois ele não encontrou nada que fosse digno de permutar por seu tempo, sendo dele um guardião bastante parcimonioso. Assim, o tempo foi para ele suficiente, mas é forçoso que tenha faltado para aqueles de cuja vida muito foi levado por uma multidão.

Nem é o caso de pensares que eles por vezes não se dão conta de seu dano: certamente ouvirás muitos desses que suportam o peso de uma grande prosperidade vez por outra exclamarem, no meio de um bando de clientes ou de ações processuais ou de outras honrosas misérias: "Não tenho o direito de viver". Como poderias tê-lo? Todos aqueles que te invocam para si furtam-te de ti. Aquele réu, quantos dias teus auferiu? Quantos aquele candidato? Quantos aquela velha, cansada de enterrar seus herdeiros? Quantos aquele que se finge de doente para atiçar a cobiça dos que captam testamentos? Quantos aquele amigo poderoso, que vos tem com vistas não à amizade, mas a seu séquito? Repito, faz um balanço e confere os dias de tua vida: verás que te sobraram bem poucos e residuais. Há quem, depois de obter a magistratura que cobiçara, anseia por deixá-la, logo dizendo: "Quando é que vai acabar este ano?". Outro patrocina os espetáculos públicos, que ele muito apreciou lhe terem sido sorteados, e então indaga: "Quando me livrarei disso?". Aquele outro é um advogado disputado por todo o foro, e o faz lotar com grande multidão, para além de onde pode ser escutado: "Quando", diz ele, "é que virá o período de recesso?". Cada um apressa sua vida e sofre a ânsia do futuro e o tédio do presente. Mas aquele que emprega todo tempo em seu proveito, que dispõe cada dia como se fosse o último, nem anseia pelo dia seguinte nem o teme. De fato, que novo deleite já lhe poderia trazer uma hora qualquer? Tudo lhe é conhecido, tudo foi por ele experimentado até a saciedade. Do restante a fortuna disponha como quiser: a vida dele já está em segurança. É possível acrescentar-lhe algo, mas nada subtrair, e acrescentar-lhe, assim como a quem já está saciado e cheio, um alimento que ele pega sem desejar. Então, não há motivo para pensares que alguém viveu longamente só por causa dos cabelos brancos ou das rugas: ele não viveu longo tempo, mas existiu longo tempo. É como se pensasses que navegou muito quem uma terrível tempestade surpreendera na saída do porto, impelindo-o para um lado e outro sob ventos furiosos de diversas direções, e fazendo-o deslocar-se em círculo pelos mesmos lugares. Ele não nevegou muito, mas foi muito fustigado.

8 Fico sempre admirado quando vejo alguns solicitarem o tempo de outros e estes, aos quais se solicitou, o concederem muito facilmente. Ambos levam em conta aquilo para o que se solicitou tempo, mas nenhum dos dois o próprio tempo: é como se fosse nada o que se solicita, nada o que se concede. Joga-se com a coisa mais preciosa que existe. Engana-os, porém, o fato de tratar-se de algo incorpóreo, o fato de não ser aparente aos olhos, sendo-lhe por isso atribuído muito pouco valor, ou mesmo valor quase nulo. As pessoas recebem com muito prazer pensões e auxílios, e nisso colocam seu empenho, atenção ou cuidados; ninguém valoriza o tempo. Usam-no com toda displicência, como se nada valesse. Mas verás essas mesmas pessoas, quando doentes, tocar os joelhos dos médicos se delas tiver se aproximado um risco iminente de morte, ou dispostas a despender todo seu patrimônio para preservar sua vida se temem uma pena capital, tamanha é a discrepância de seus estados psíquicos. Mas, se fosse possível expor a cada um, do mesmo modo que a soma de seus anos passados, igualmente a de seus anos futuros, como ficariam alarmados de ver que lhes teriam restado poucos! Como os poupariam! Ora, é fácil gerir aquilo que, apesar de exíguo, é certo; com mais cuidado então se deve conservar o que não se sabe quando irá faltar.

4 Porém, não há razão para pensar que eles ignoram quão precioso é o tempo: costumam dizer àqueles que mais amam que estariam dispostos a lhes dar uma parte de seus anos. Eles dão sem o perceber; dão, contudo, de modo que subtraem de si sem haver incremento para aqueles. Mas o próprio fato dessa subtração ignoram; por isso lhes
5 é tolerável o dano de um prejuízo inaparente. Ninguém vai restituir os teus anos, ninguém vai devolver-te de novo a ti mesmo. A vida segue a trajetória que iniciou e não retrocede ou detém seu curso. Não fará tumulto nem advertirá sobre sua velocidade: deslizará em silêncio. Ela não se prolongará por ordem de um rei, nem pelo favor do povo; transcorrerá do modo como foi determinada desde seu primeiro dia, não sofrerá nenhum desvio, nenhum retardo. O que irá acontecer? Tu estás ocupado, a vida se apressa; nesse ínterim, a morte irá chegar, para a qual, querendo ou não, terás de ter tempo.

1 9 Pode haver algo mais insensato do que o pensamento de algumas pessoas? Digo aquelas que se jactam de sua prudência. Estão empenhadamente ocupadas para que possam viver melhor; planificam sua vida com dispêndio de vida. Dispõem seus planos num longo prazo. Ora, mas a maior perda de vida é a protelação: esta nos arranca um dia após o outro, rouba-nos o presente enquanto promete o futuro. O maior obstáculo à vida é a expectativa, que fica na dependência do amanhã e perde o momento presente. Tu dispões o que está nas mãos da Fortuna, deixas de lado o que está nas tuas. Para onde olhas? Para onde te projetas? Tudo o que há de vir repousa na incerteza. Vive de imediato!
2 Proclama-nos o maior dos poetas, cantando esta fórmula salutar, como que inspirado por lábios divinos:

Para os tristes mortais, os melhores dias da vida
são sempre os que fogem primeiro. (Virgílio, *Geórgicas*
III, 66-7)

"Por que tardas?", diz ele. "Por que ficas parado? Se não o utilizas, ele escapa." E, mesmo que o utilizes, ele escapará. Assim, deve-se velozmente lutar contra a rapidez do tempo disponível para nós, e como que logo beber de uma rápida torrente que não há de fluir para sempre. Isso também diz o poeta à perfeição para censurar uma indecisão infinita, pois diz não "as melhores épocas", e sim "os melhores dias". Por que é que, seguro e indolente, em meio a tão intensa fuga do tempo, estendes em uma longa série os teus meses e anos, do modo que bem pareceu à tua avidez? Ele te fala do dia, e exatamente deste que está em fuga. Há então alguma dúvida de que os melhores dias são os primeiros a fugir para os tristes mortais, isto é, para os ocupados? Seus espíritos ainda pueris são oprimidos pela velhice, à qual eles chegam desavisados e indefesos. De nada se precaveram: caíram nela de súbito e desprevenidos, sem terem percebido que diariamente ela se aproximava. Assim como uma conversa, uma leitura ou uma reflexão mais profunda distrai os que estão em viagem, e eles se dão conta de que chegaram antes de ter notado que se aproximavam, assim também este trajeto de nossa vida, contínuo e tão rápido, que percorremos com o mesmo passo, em vigília ou dormindo, não é aparente para as pessoas ocupadas, exceto no fim.

10 Se eu quiser dividir em partes e em argumentos a tese que proponho, vão me ocorrer muitos pelos quais poderia provar que é brevíssima a vida das pessoas ocupadas. Fabiano, que não era um desses filósofos de cátedra, mas um daqueles verdadeiros e antigos pensadores, costumava dizer que contra os transtornos passionais é preciso lutar com força, não com argúcias, e repelir uma frente de ataque não com pequenas escaramuças, mas com uma investida

dura; esses transtornos deveriam ser esmagados, não sofrer meras escoriações. No entanto, para que àquelas pessoas se repreenda o seu desatino, deve-se instruí-las, não simplesmente lamentá-las.

2   A vida divide-se em três períodos: o que se foi, o que está sendo e o que há de vir. Desses, o que estamos atravessando é breve, o que havemos de atravessar é duvidoso, o que já atravessamos é certo. É este último de fato aquele sobre o qual a fortuna perdeu seu direito, o qual não pode ser reconduzido ao arbítrio de ninguém. Esse período os ocupados o perdem, pois não lhes sobra tempo para examinar o passado, e, se lhes sobrasse, seria desagradável a recordação de algo que lhes causaria

3 arrependimento. Assim, a contragosto consideram o tempo mal gasto, nem ousam recordar os momentos cujos vícios, mesmo os que serpeavam sob o encanto de algum prazer momentâneo, se mostram pelo reexame. Ninguém voltará de bom grado seu olhar ao passado, exceto quem submete todos os seus atos à própria censura, que nunca se deixa

4 enganar. Quem avidamente muito cobiçou, desprezou com soberba, venceu com insolência, enganou com insídias, roubou por cupidez, prodigamente dissipou, é forçoso que tema a própria memória. Ora, essa é a parte sagrada e intocável de nosso tempo, posta acima de todos os reveses humanos, subtraída ao reino da Fortuna, e que nem a penúria, nem o medo, nem o ataque de doenças podem atingir. Ela não pode ser conturbada nem tirada: a posse dela é perpétua e sem receios. Somente um a um os dias se mostram presentes para nós, e ainda fracionados em momentos. Porém, todos os dias do passado, tão logo ordenares, estarão diante de ti, a teu arbítrio irão deixar-se examinar detidamente; isso os

5 ocupados não têm tempo de fazer. É próprio de uma mente segura e tranquila percorrer todos os períodos de sua vida; as almas dos ocupados, como se estivessem atadas sob o jugo, não podem virar-se e olhar para trás. Portanto, a vida deles desaparece num abismo e, tal como de nada adianta

verter líquido até a borda de um recipiente, se embaixo não há fundo que o receba e conserve, assim também não importa quanto tempo nos é concedido, se não há lugar onde ele possa depositar-se, se ele vaza por trincas e perfurações de nossas almas. É brevíssimo o tempo presente, a ponto mesmo de que para alguns pareça inexistente. Está de fato sempre em curso, flui com rápida vazão, deixa de existir antes de chegar, não admite retardo, é tal qual o universo e os astros, cujo movimento sempre incansável nunca se detém no mesmo ponto. Portanto, aos ocupados diz respeito somente o tempo presente, que é tão breve que não se pode apreendê-lo, e mesmo este é subtraído deles por estarem divididos em muitas atividades.

11 Em suma, queres saber quão pouco tempo eles vivem? Olha quanto desejam viver longo tempo. Velhos decrépitos mendigam em suas preces o acréscimo de uns poucos anos. Fingem ser mais novos, lisonjeiam-se com essa mentira e iludem-se tão prazerosamente quanto se junto com eles enganassem o destino. Porém, já quando alguma enfermidade os advertiu de sua condição mortal, quão apavorados eles morrem, não como se deixassem a vida, mas como se fossem arrancados! Gritam que foram estúpidos por não terem vivido e que, se acaso tiverem escapado daquele estado enfermo, viverão retirados de suas atividades. Então, refletem quão inutilmente amealharam aquilo que não viriam a usufruir, quanto todo seu esforço caiu no vazio. Mas, para aqueles que levam uma vida longe de qualquer atribulação, por que não seria ela duradoura? Nenhuma parte dela é usurpada, nenhuma é dispersa aqui e ali, nenhuma se perde por negligência, nenhuma é dissipada com largueza, nenhuma é supérflua; toda ela, digamos assim, é rentável. Desse modo, por breve que seja, ela é plenamente suficiente, e por isso, quando vier o último dia, o sábio não hesitará em caminhar para a morte com passo firme.

12 Talvez perguntes quem são os que eu chamo de ocupados. Não há por que pensares que me refiro só àqueles

que são expulsos da basílica por cães enfim lançados contra eles, aqueles que vês faustosamente espremidos no meio da multidão dos próprios clientes, ou, de modo degradante, no meio de grupo alheio, aqueles cujas obrigações os fazem sair de suas casas para bater à porta de outros, aqueles a quem os leilões realizados pelo pretor deixam atarefados em razão de um lucro infame e que um dia há de apodrecer. Para alguns, o tempo que têm para si é cheio de ocupações: em sua propriedade no campo ou em seu leito, em meio à solidão, mesmo que afastados de todos, são molestos a si próprios. Não se deve dizer que é ociosa a vida deles, mas uma indolente ocupação. Tu chamas de ocioso aquele que, com minucioso apuro, enfileira bronzes de Corinto, preciosos por causa da insânia de uns poucos, e consome a maior parte do dia com pedaços de cobre azinhavrados? Aquele que se senta diante dos ringues — realmente, que afronta!, padecemos de vícios que nem sequer são romanos! — e torce por uns rapazotes lutadores? Aquele que separa os grupos de suas crias em pares, segundo a idade e a cor, que faz alimentar seus atletas mais recentes? Como? Chamas de ociosos os que passam muitas horas no cabeleireiro, durante as quais lhes aparam o que cresceu na noite anterior, discute-se sobre cada fio de cabelo, arrumam as mechas desalinhadas ou as juntam sobre a fronte se estão faltando aqui e ali? E como se enfurecem se o cabeleireiro foi um pouco descuidado demais, como se fossem de um homem os cabelos que ele estava aparando! Como se irritam se algo foi cortado de sua juba, se algo dela se assentou fora de ordem, se ela toda não tem bom caimento em cachos! Qual desses homens não preferiria que se pusesse em desordem antes a República que seus cabelos? Qual não estaria mais preocupado com a beleza do que com a saúde de sua cabeça? Qual não preferiria estar mais bem penteado em lugar de ser mais honesto? É a esses que tu chamas de ociosos, que vivem ocupados entre o pente e o espelho?

4   Que dizer daqueles que, empenhados em compor, ouvir e aprender canções, contorcem a voz com inflexões de uma entonação absolutamente inepta — cuja correta emissão a natureza fez ser a melhor e a mais simples — e que estão sempre estalando os dedos, para marcar o compasso de algum canto que modulam interiormente, e dos quais se escuta um tácito cantarolar, mesmo quando são chamados a tomar parte em assuntos sérios, muitas vezes até tristes? Essas pessoas não usufruem de seu tempo, mas se ocupam
5   de nulidades. Seus jantares, por deus, eu não os colocaria entre seus momentos de pausa, quando vejo com que preocupação dispõem a prataria, com que diligência fazem arregaçar as túnicas de seus escravos eunucos, quão ansiosos com relação a como ficou o javali preparado pelo cozinheiro, com que rapidez, a um sinal dado, aqueles pajens depilados atendem à mesa, com quanta destreza as aves são cortadas em pedaços não desiguais, o cuidado com que tristes moleques limpam os restos cuspidos por convivas bêbados. É disso que lhes vem a fama de elegância e refinamento, e a tal ponto seus vícios os acompanham em todos os âmbitos de sua vida, que não podem beber nem comer sem ostentação.
6   Eu nem mesmo poderia enumerar entre os ociosos os que se fazem transportar aqui e ali em uma cadeira ou em uma liteira e se aprontam para as horas de seus passeios como se a estes não pudessem faltar; aqueles aos quais outra pessoa deve lembrar quando devem lavar-se, quando nadar, quando comer. A tal ponto se tornam lânguidas essas almas muito afetadas, que por si sós não podem saber
7   se têm fome. Ouço dizer que um desses afetados — se é que se deve chamar de afetação desaprender os hábitos humanos —, quando colocado em uma cadeira, depois de retirado do banho por várias mãos, interrogou: "Já estou sentado?". Este, que ignora se está sentado, tu achas que ele sabe se vive ou se enxerga ou se está ocioso? Eu não poderia facilmente dizer qual das duas coisas me dá mais

pena: o fato de ele não saber isso ou o de fingir não saber. 8 De muitas coisas tais pessoas realmente se esquecem, mas de muitas também simulam esquecer. Comprazem-se com alguns vícios como se fossem prova de sua boa fortuna: saber o que se faz parece coisa de gente muito simples e desprezível. E vais agora achar que mentem os mimos em muitas de suas críticas ao luxo! Por deus! Eles omitem muito mais do que inventam, e tanto avançou, nesta nossa época, engenhosa apenas nisso, uma quantidade tão grande de vícios inacreditáveis, que já podemos denunciar os mimos por negligência. É impensável haver alguém a tal ponto atolado nos prazeres que, para saber se está sentado, deve 9 fiar-se em outro! Ele, portanto, não é ocioso; deve-se-lhe dar outro nome: é um doente, ou melhor, um morto-vivo. É ocioso quem tem a percepção de seu ócio. Mas esse semimorto, a quem é necessária a indicação de alguém para perceber a posição do próprio corpo, como pode ser ele dono de algum momento de sua vida?

1 **13** Seria longo percorrer exemplos de cada um daqueles cuja preocupação com jogos de tabuleiro ou com a bola ou com bronzear o corpo ao sol consumiu sua vida. Não são ociosos aqueles cujos prazeres exigem muito trabalho. Realmente ninguém duvidará de que produzem uma laboriosa nulidade os que se detêm no estudo de inúteis erudições literárias — essa legião já é grande também 2 entre os romanos. Foi dos gregos essa doença de indagar que número de remadores teria tido Ulisses, se primeiro teria sido escrita a *Ilíada* ou a *Odisseia*, além disso, se são do mesmo autor, e ainda outras coisas desse tipo, que, se alguém guarda para si, elas em nada ajudam sua consciência interior e, se as divulga, não iria parecer mais 3 douto, e sim mais tedioso. Eis que invadiu também os romanos esse desejo vão de aprender futilidades. Nesses dias ouvi alguém relatando quais ações teriam sido pela primeira vez realizadas por cada um dos comandantes romanos: a primeira batalha naval foi vencida por Duílio;

o primeiro a ter exibido elefantes em um desfile triunfal foi Cúrio Dentato. Mas essas curiosidades, mesmo se não visam à verdadeira glória, ao menos giram em torno de exemplos de atos cívicos. Não é proveitoso tal conhecimento, no entanto é capaz de nos deter pela fútil

4 atração de seu conteúdo. Desculpemos aqueles que investigam também isto: quem teria primeiro convencido os romanos a embarcar em um navio — teria sido Cláudio, por isso mesmo cognominado Cáudice, dado que, entre os antigos, se chamava cáudice a junção de várias tábuas, de onde se denominam códices as tábuas legislativas, e ainda agora as embarcações que transportam provisões pelo Tibre são, desde antigo uso, chamadas de *"codicariae"*.

5 É certo que possa ter interesse também o fato de que Valério Corvino foi quem primeiro venceu Messana, e o primeiro da família dos Valérios a ser chamado Messana por ter-lhe sido transferido o nome da cidade vencida; e, com a gradual alteração da pronúncia popular, veio a ser chamado Messala. Poderás talvez permitir que alguém se ocupe também com o fato de Lúcio Sula ter sido o primeiro a exibir no circo leões soltos — quando, ao contrário, eram exibidos acorrentados —, isso depois de o rei Boco ter lhe enviado atiradores para abatê-los? E é certo que se deveria relevar

6 igualmente o seguinte: acaso diz respeito a algo de bom o fato de Pompeu ter sido o primeiro a apresentar no circo uma luta de dezoito elefantes, tendo como oponentes homens indefesos, à imitação de um combate? Como principal cidadão e, segundo a fama, estando entre os antigos líderes de notável bondade, ele julgou um tipo de espetáculo digno de memória abater homens de uma nova maneira. Combate mortal? É pouco. Laceração? É pouco: sejam esmagados

7 sob uma massa imensa de animais. Era preferível que isso caísse no esquecimento, para que depois nenhum potentado viesse a aprender e a invejar ato tão desumano. Ah! quanta cegueira uma grande fortuna lança a nossas mentes! Ele então acreditou estar acima da natureza ao

lançar um bando tão numeroso de infelizes a feras nascidas sob outros céus, ao atiçar uma guerra entre animais tão díspares, ao fazer derramar tanto sangue diante do povo romano, ele que em breve iria forçá-lo a verter ainda mais. Ele mesmo, porém, enganado depois pela perfídia alexandrina, entregou-se a um escravo ínfimo cujo golpe o trespassou; só então compreendeu a jactância fútil de seu cognome.

8 Mas, para voltar ao ponto de onde me afastei e, ainda nesse campo, mostrar a supérflua diligência de alguns, a mesma pessoa contava que Metelo, depois da vitória sobre os cartagineses na Sicília, durante seu triunfo foi o único de todos os romanos a ter conduzido à frente de seu carro cento e vinte elefantes capturados; que Sula foi o último dos romanos a ter ampliado o pomério, o qual, entre os antigos, nunca foi costume ampliar após a anexação de um território provincial, mas apenas de um itálico. Saber isso acaso seria mais útil do que saber que o monte Aventino estaria fora do pomério, como afirmava ele, por uma destas duas razões: ou porque a plebe teria se retirado para ali, ou porque, quando Remo realizou os auspícios naquele local, o voo das aves não teria sido favorável, e mais outros fatos incontáveis que ou são falsos ou parecem invenções?

9 Ainda que concedas que falam de boa-fé tudo isso, ainda que deem garantia do que escrevem, no entanto, essas informações diminuirão os erros de quem? Vão conter os desejos de quem? A quem farão mais corajoso, a quem mais justo, a quem mais generoso? O meu caro Fabiano dizia que às vezes duvidava se era melhor não se aplicar a estudo algum do que se envolver com os desse tipo.

1 14 De todos os homens, só os que estão disponíveis para a sabedoria são os "ociosos", só eles vivem, pois não apenas de seu tempo de vida são bons guardiões, mas acrescentam a este toda a eternidade. Todos os anos que passaram antes deles foram-lhes creditados. Se não somos em absoluto ingratos, aqueles tão preclaros fundadores de

doutrinas sagradas nasceram para nós, prepararam a vida para nós. Por um trabalho alheio, somos conduzidos até as mais belas ideias, tiradas das trevas para a luz. Nenhuma época nos está vetada, temos acesso a todas, e se por meio da magnitude da alma desejamos sair das estreitezas da debilidade humana, há um espaço enorme de tempo para

2 percorrermos. É possível discutir com Sócrates, duvidar com Carnéades, repousar com Epicuro, vencer com os estoicos a natureza humana, com os cínicos ultrapassá-la. Já que a natureza nos permite participar de qualquer época, por que não nos voltarmos por inteiro deste exíguo e cadente trânsito temporal para aqueles períodos que são imensos, que são eternos, que são compartilhados com mentes melhores?

3 Esses que correm de um compromisso para outro, que inquietam tanto a si como os demais, depois de enlouquecer totalmente, depois de diariamente perambular pelas soleiras de todos, sem preterir nenhuma porta aberta, depois de fazer circular sua saudação interesseira por residências em locais os mais diversos, quão pouca gente eles poderão ver de uma

4 cidade tão imensa e enredada em variados desejos? Quantos haverá cujo sono ou desregramento ou grosseria irá barrá-los! Quantos haverá que, depois de longa e torturante espera, passarão por eles simulando pressa! Quantos evitarão aparecer no átrio repleto de clientes e escaparão por passagens secretas de sua casa, como se fosse menos grosseiro driblar do que não receber! Quantos, sonolentos e pesados pela farra da véspera, num bocejo de extrema arrogância, mal relaxando os lábios repetirão o nome, que lhes fora mil vezes sussurrado, daqueles coitados que interromperam o próprio sono para esperar o de outro!

5 Podemos dizer que se aplicam a obrigações verdadeiras aqueles que em sua intimidade vão querer estar diariamente com Zenão, com Pitágoras, com Demócrito e com os outros mestres de sabedoria, com Aristóteles e Teofrasto. Nenhum desses vai deixar de estar disponível, nenhum vai despedir

quem vier a ele sem torná-lo mais feliz e mais afeiçoado a si, nenhum vai permitir que alguém se despeça dele com as mãos vazias; podem ser encontrados de noite ou de dia por todos os mortais.

1 **15** Nenhum deles te obrigará a morrer, todos te ensinarão; nenhum deles vai consumir os teus anos, mas te darão os seus em contribuição; de nenhum deles será perigosa a conversa, de nenhum será fatal a amizade, de nenhum onerosa a deferência. Levarás deles tudo o que quiseres; deles não dependerá que lhes tires o máximo que
2 possas conter. Que felicidade, que bela velhice aguarda quem se juntou à clientela deles! Terá com quem refletir sobre questões desde as menos até as mais importantes, a quem consultar diariamente sobre si próprio, de quem ouvir a verdade sem ofensa, elogio sem adulação, terá exemplos a cuja semelhança moldar-se.
3 Costumamos dizer que não estava em nosso poder determinar os pais que nos caberia, dados a nós pelo acaso; mas nos é possível nascer por nosso arbítrio. Existem as famílias das mais renomadas mentes: elege à qual desejas agregar-te. Receberás não só seu nome, mas até seus bens, que não deverão ser guardados com mesquinhez e egoísmo;
4 quanto mais os compartilhares, maiores se tornarão. Esses pensadores é que te darão uma via para a eternidade e te elevarão até aquele plano do qual ninguém decai. Esse é o único meio de prolongar a condição mortal, e até mesmo de convertê-la em imortalidade. Honras, monumentos, tudo o que por decretos a ambição impôs ou por seus esforços erigiu é logo destruído, nada uma velhice prolongada deixa sem demolir e remover. Mas ela não pode causar dano àquilo que a sabedoria consagrou. Nenhum lapso temporal poderá aboli-lo nem diminuí-lo; a época seguinte e a que sempre virá mais adiante contribuirão para venerá-lo, pois que de fato a inveja frequenta o que lhe está próximo, e de modo mais franco admiramos o que está situado longe.
5 Portanto, a vida do sábio é bastante extensa. Não há para ele

o mesmo limite que para os outros. Só ele está liberado das leis do gênero humano, todos os séculos estão submetidos a ele tal como a um deus. Transcorreu certo tempo: ele o abarca na memória; está em curso: ele o utiliza; está por vir: ele o antevê. O que torna longa sua vida é a concentração de todos os tempos em um único.

1   16 Brevíssima e demasiado angustiosa é a vida daqueles que se esquecem do passado, negligenciam o presente e temem o futuro. Quando chegam a seus momentos derradeiros, tardiamente compreendem, os infelizes, que por tão longo
2   tempo estiveram ocupados em não fazer nada.   Não há motivo para julgar que eles levam uma longa existência com base no argumento de que algumas vezes invocam a morte: atormenta-os a ignorância sobre suas emoções instáveis e que incidem exatamente sobre aquilo que lhes causa medo; é por isto que com frequência anseiam pela morte: porque
3   a temem. Também não há por que julgar como prova de que vivem longo tempo o fato de às vezes o dia lhes parecer longo, ou de se queixarem de que as horas passam lentamente até a chegada do momento indicado para o jantar. De fato, se alguma vez suas ocupações os abandonam, inquietam-se por terem sido deixados com tempo para si e nem sabem como dispor dele ou gastá-lo. Assim, lançam-se a qualquer ocupação e é enfadonho todo intervalo entre uma e outra. Da mesma maneira, quando se anunciou a data de uma luta gladiatória, ou quando se espera a que fora marcada para algum outro espetáculo ou diversão, querem pular os dias
4   que faltam. Para eles, toda demora do evento esperado é longa, mas aquele momento que amam é breve e fugaz e muito mais breve por causa da doença deles: de fato passam de um desejo para outro e não podem deter-se em um único. Os dias, para eles, não são longos, mas detestáveis. Porém, ao contrário, quanto lhes parecem curtas as noites que
5   passam nos braços de prostitutas ou no vinho.   Daí também o delírio dos poetas, que com suas ficções alimentam os desatinos humanos, segundo os quais Júpiter, seduzido pelo

prazer do sexo, teria duplicado a noite. Que outra coisa seria inflamar nossos vícios senão designar os deuses como seus autores e dar à nossa doença, pelo exemplo da divindade, uma licença justificada? Podem não lhes parecer muito breves as noites que eles compram tão caro? Perdem o dia na espera da noite; a noite, no temor da alvorada.

1   17 Mesmo os seus prazeres são trépidos e perturbados por vários temores e, bem quando estão mais exultantes, sobrevém-lhes um pensamento inquietante: "Quanto tempo vai durar?". Por causa desse sentimento, reis lamentaram seu poderio, e não os deleitou a grandiosidade de sua boa fortuna, mas os aterrorizou o fim que um dia lhe adviria.

2   Ao estender seu exército ao longo de vastas campinas, sem poder perceber seu número, mas só sua dimensão, o mais insolente dos reis persas derramou lágrimas porque em cem anos ninguém restaria daquela tão numerosa massa de jovens. Mas ele próprio, que chorava, estava prestes a movê-los para seu destino e a fazer uns perecerem no mar, outros em terra, uns em combate, outros em fuga, e, num exíguo espaço de tempo, haveria de aniquilar aqueles por cujo centésimo ano ele temia.

3   E por que é que são receosas também suas alegrias? É que elas não se apoiam em motivos sólidos, mas são conturbadas pela mesma inconsistência da qual se originam. Por outro lado, como pensas que são os momentos que eles próprios admitem como tristes, uma vez que também aqueles alegres, com os quais se exaltam e se transportam acima dos homens,
4   são tão pouco genuínos? Todos os seus maiores bens são motivo de inquietação e em sorte alguma é pior confiar do que na melhor delas: para salvaguardar a felicidade, é preciso outra felicidade, e devem-se fazer votos pelos próprios votos alcançados. De fato, é instável tudo o que nos advém de modo fortuito e, quanto mais elevada é uma situação, tanto mais está exposta à queda. Ora, a ninguém agrada a iminência de uma queda. Portanto, é por força a mais desditosa, não somente a mais breve, a vida daqueles que, com enorme

esforço, adquirem algo que deverão possuir com esforço ainda maior. Laboriosamente conseguem o que desejam; conservam angustiados o que conseguiram. Nesse ínterim, não se faz nenhuma reflexão sobre o tempo, que nunca mais vai tornar atrás. Novas ocupações substituem-se às antigas, uma esperança desperta outra, uma ambição, outra ambição. Não se busca o fim da infelicidade, muda-se-lhe a fonte. Os nossos cargos nos torturaram: mais tempo nos tomam os dos outros; deixamos de penar como candidatos: iniciamos como partidários de outros; desobrigamo-nos do aborrecimento de acusar: deparamos com o de julgar; deixou-se de ser membro do júri: passa-se a presidi-lo; envelheceu-se na administração remunerada de bens alheios: é hora de ocupar-se das próprias riquezas. Mário deixou a farda: exerce o consulado. Quíncio apressa-se a escapar do cargo de ditador: será reconvocado a largar do arado. Cipião marchará contra os cartagineses ainda sem estar maduro para tamanha empresa; vencedor de Aníbal, vencedor de Antíoco, glória de seu consulado, garantia do de seu irmão, não fosse ele próprio a opor-se, seria colocado ao lado de Júpiter. Salvador da pátria, as lutas civis o perseguirão e, depois de desprezar, quando jovem, honras iguais às dos deuses, quando velho terá prazer em ambicionar um exílio altivo. Para inquietudes nunca faltarão motivos, ou felizes ou tristes. A vida irá se arrastar entre as ocupações. O tempo para si nunca será uma realidade, mas sempre um desejo.

18 Separa-te então do vulgo, meu caríssimo Paulino, e depois de uma travessia agitada, não proporcional a teus anos, retira-te enfim para um porto bem tranquilo. Pensa quantas vagas afrontaste, quantas tempestades, de um lado, suportaste na vida privada, quantas, de outro, provocaste contra ti na vida pública. Já bastante se mostrou o teu valor por provas laboriosas e turbulentas; experimenta o que ele pode realizar no ócio. A maior parte de tua vida, certamente a melhor, foi destinada à vida pública; toma um pouco do teu tempo também para ti. Não te chamo para

um repouso estéril ou inerte, não para que no sono e nos prazeres caros à turba mergulhes toda a índole vigorosa que há em ti; isso não é repousar. Encontrarás atividades mais importantes do que todas as que até agora diligentemente
3 exerceste, as quais empreenderás retirado e tranquilo. Tu realmente administras os recursos do orbe romano com o mesmo respeito que os alheios, com mesmo zelo que os teus, com o mesmo escrúpulo que os do Estado. Consegues estima em um cargo em que é difícil evitar o ódio. No entanto, acredita-me, mais vale saber gerenciar a própria
4 vida do que os celeiros estatais. Esse teu ânimo vigoroso, plenamente capaz das mais altas realizações, resgata-o desse ofício sem dúvida honroso, mas pouco adequado a uma vida feliz, e reflete que tu não te empenhaste desde a primeira infância no estudo das artes liberais para que te fossem confiados milhares de toneladas de grãos; deras promessa de algo maior e mais elevado. Ademais, não faltarão homens de integridade comprovada e de laborioso empenho. São bem mais aptos para o transporte de cargas os lerdos jumentos do que os cavalos de raça; quem alguma vez oprimiu com um fardo pesado a agilidade de um puro-
5 -sangue? Reflete, além disso, sobre quanta preocupação envolve pôr-te à frente de tamanho encargo: lidas com o ventre humano. O povo esfomeado não aceita razões, nem se acalma com o que é justo, nem se dobra por nenhum apelo. Bem recentemente, poucos dias depois que morreu Caio César — sofrendo profundo desagrado (se é que nos infernos os mortos têm algum sentimento) por ver que, sobrevivendo-lhe o povo romano, restavam-lhe provisões para pelo menos sete ou oito dias, ele que então estendia pontes de navios em fila e se divertia com as reservas do império —, apresentava-se o pior dos males diante de nós, do mesmo modo que se estivéssemos sitiados: a escassez de alimentos. A imitação de um rei ensandecido, estrangeiro e desgraçadamente arrogante custou-nos quase o aniquilamento e a fome e, o que se segue à fome, um colapso

6 total. Que disposição de ânimo tiveram então aqueles que haviam sido encarregados de cuidar do abastecimento público de grãos, tendo de enfrentar pedras, ferro, incêndios e... Caio César? Com absoluta dissimulação encobriam tão grande mal ocultado nas vísceras do Estado, e evidentemente com razão, pois alguns males devem ser tratados mantendo-se desinformados os doentes; muitos morreram por conhecer sua doença.

1 19 Retira-te para essas ocupações mais tranquilas, mais seguras e maiores. Tu pensas que é a mesma coisa se cuidas para que o trigo seja transferido para os armazéns sem sofrer dano, quer seja por fraude, quer por negligência dos transportadores, para que não se estrague e fermente por retenção de umidade, para que corresponda à medida e ao peso, ou se, em vez disso, te ocupas desses estudos sagrados e sublimes, a fim de conhecer qual é a natureza de deus, qual a sua vontade, qual a sua condição, qual a sua forma, que destino aguarda tua alma, que lugar nos reserva a natureza depois de deixarmos nossos corpos, o que é que sustenta no centro do universo os corpos mais pesados, suspende no alto os leves, leva o fogo para a parte mais alta, impele os astros em suas trajetórias, e assim por diante, outros fenômenos repletos de notáveis maravilhas?

2 Queres tu deixar o chão para trás e contemplar pela mente essas coisas? Agora, enquanto o sangue está aquecido, os que têm vigor devem avançar para propósitos melhores. Aguarda-te, nesse modo de vida, grande número de belos conhecimentos, o amor e a prática das virtudes, o esquecimento dos desejos, o saber viver e morrer, um estado de profunda paz.

3 É triste realmente a condição de todas as pessoas ocupadas. No entanto, a mais triste é a daqueles que padecem por ocupações que nem ao menos lhe são próprias, que dormem conforme o sono alheio, andam pelo passo alheio, amam e odeiam mediante ordens, sentimentos os mais livres de todos. Estes, se quiserem saber quanto é breve a própria vida, pensem que pequena parte é de fato sua.

20 Assim, quando vires alguém portando já com frequência a toga pretexta, ou um nome celebrizado no foro, não invejes: essas coisas se adquirem com prejuízo da vida. Para que um só ano seja datado pelo nome deles, irão consumir todos os seus anos. A uns, antes que lutassem pelo cume da ambição, a vida abandonou nos reptos preliminares; a outros, depois de haverem conquistado, por mil desonras, o remate das honras, sobreveio-lhes o triste pensamento de terem se fatigado por uma inscrição num sepulcro; de alguns, sua avançada velhice, como se fosse a juventude, ao se dispor a novas esperanças, sucumbiu inválida em meio a grandes e insaciáveis esforços. Que feio é para alguém, já idoso, perder o fôlego no tribunal, em defesa de litigantes totalmente desconhecidos, enquanto faz a peroração e tenta captar expressões de assentimento de um público inepto; que degradante é para alguém, cansado mais de viver do que de trabalhar, desfalecer no meio de seus compromissos; que degradante é morrer durante a análise do livro de contas, sob o sorriso de um herdeiro, mantido em longa espera. Não posso omitir um exemplo que me ocorre: Sêxtio Turânio foi um ancião de comprovada diligência, que, depois dos noventa anos, tendo recebido de Caio César, sem solicitação, a dispensa de seu cargo administrativo, mandou que o pusessem no leito e que sua família, em torno dele, o pranteasse como a um morto. A casa lastimava o retiro inativo de seu velho senhor e não pôs fim ao luto antes que o trabalho lhe fosse restituído. Acaso é tão prazeroso morrer ocupado? Muitas pessoas apresentam esse mesmo estado de ânimo: seu desejo de trabalho tem duração maior que sua capacidade. Elas lutam com a debilidade do corpo e por nenhuma outra razão julgam pesada a velhice senão porque as exclui. A lei não mobiliza um soldado a partir dos cinquenta anos, não convoca um senador a partir dos sessenta; é mais difícil as pessoas obterem de si próprias a sua retirada do que da lei. Nesse meio-tempo, enquanto se deixam rapinar e rapinam,

enquanto interrompem o repouso uns do outros, enquanto se fazem mutuamente infelizes, a vida é sem frutos, sem prazer, sem nenhum proveito para a alma. Ninguém tem a morte diante dos olhos, todos estendem longe as esperanças, alguns até mesmo dispõem as coisas para depois de sua vida: sepulcros grandiosos, dedicatórias em obras públicas, oferecimento de jogos fúnebres e exéquias ambiciosas de glória. O certo é que os funerais dessas pessoas, como se tivessem vivido muito pouco, deveriam ser conduzidos sob fachos e círios.

Sobre a firmeza do sábio

A SERENO

1   1 Entre os estoicos e os outros mestres de filosofia, Sereno, eu diria, não sem razão, que há tanta diferença quanto entre as mulheres e os homens, dado que uns e outros contribuem no mesmo tanto para a vida em sociedade, mas uns teriam nascido para obedecer, outros, para mandar. Quase como os médicos de casa, íntimos da família, em relação às doenças físicas, os outros filósofos adotam uma terapia suave e branda, não a via melhor e de efeito mais rápido, mas aquela que o doente lhe permite; os estoicos, que ingressaram em uma senda viril, consideram, para efeito de cura, não que esta deva parecer agradável aos que a iniciam, mas que deve livrá-los da doença o mais rápido e conduzi-los para aquele ponto elevado, tão fora do
2   alcance de um dardo, que esteja acima da fortuna. "Mas é árduo e confragoso o caminho que somos chamados a atravessar." Ora essa! É pelo plano que se vai para o alto? Mas nem é ele realmente tão íngreme quanto acham alguns. Somente a primeira parte tem pedras e rochedos e parece intransitável. Tal como, para quem olha de longe, a maioria dos lugares costuma parecer inacessível e de aspecto homogêneo, dado que a distância engana os olhos, depois, chegando mais perto, aquelas mesmas áreas que a ilusão dos olhos compactara em uma coisa única se abrem pouco a pouco, e então se torna suave o declive daquelas elevações que à distância aparentavam ser precipícios.

Pouco tempo atrás, depois de uma menção a Marco Catão, tu sofrias indignado — intolerante como és com a injustiça — com o fato de ele ter sido pouco compreendido em sua época, de ele, que se elevava acima de Pompeus e Césares, ter sido colocado abaixo de Vatínios, e te parecia revoltante que sua toga lhe houvesse sido arrancada no foro quando estava prestes a opor-se a uma lei e que, depois de arrastado desde os rostros até o arco de Fábio em meio às pancadas de uma facção sediciosa, houvesse recebido palavras ofensivas, cusparadas e muitos outros insultos de uma multidão insana.

2 Eu então respondi que tinhas motivo para te sentires apreensivo pela situação da República, que, de um lado, Públio Clódio, de outro, Vatínio e os mais perversos cidadãos punham à venda e, tomados de cega cupidez, não percebiam que, enquanto a vendiam, eram eles também vendidos. Já com relação à pessoa de Catão, como te falei, estejas tranquilo: o sábio realmente não pode sofrer nenhuma injúria nem contumélia; além disso, os deuses imortais nos deram Catão como exemplo mais fidedigno de homem sábio do que o foram Ulisses e Hércules para os tempos mais antigos. Os nossos estoicos os proclamaram sábios, invencíveis aos sofrimentos, indiferentes aos prazeres e vitoriosos sobre todos os temores. Catão não combateu com feras — ir no encalço delas é próprio do caçador e do camponês —, nem perseguiu seres monstruosos com fogo e ferro, nem viveu naqueles tempos em que era possível acreditar que o céu estivesse apoiado nos ombros de um só. Depois de superada a credulidade antiga e de as gerações terem avançado para um grau elevado de entendimento, tendo ele lutado contra a ambição, essa peste multiforme, e contra uma voracidade imensa pelo poder, a qual o mundo inteiro, dividido em três, não podia saciar, ergueu-se sozinho contra os vícios de uma cidade que degenerava e batia ao fundo por seu peso e susteve a República que tombava, ao menos na medida em que uma única mão podia retê-la, até que, arrastado com

ela, lançou-se como companheiro de uma ruína por longo tempo adiada, e extinguiu-se de uma só vez o que era vetado separar-se: de fato, nem Catão sobreviveu à liberdade, nem a liberdade a Catão. Contra ele tu julgas que o povo pôde fazer uma injúria porque lhe arrancou a pretura ou a toga, porque aspergiu com o visco de sua boca aquela sagrada fronte? O sábio está seguro, nem pode ser atingido por nenhuma injúria ou contumélia.

3 Parece-me ver teu ânimo inflamar-se e efervescer, prestes a exclamar: "É isso que tira a autoridade dos vossos preceitos: prometeis coisas sublimes, que não poderíamos nem mesmo desejar e menos ainda crer em sua possibilidade. Além disso, falando de situações excepcionais, ao negar que o sábio seja pobre, não negais que costuma faltar-lhe escravo, teto e até alimento; ao negar que o sábio possa enlouquecer, não negais que ele sofra perturbações, emita palavras pouco sensatas e ouse tudo a que o obrigue a ação da doença; ao negar que o sábio seja escravo, não contestais a mesma coisa, ou seja, que ele possa vir a ser vendido, a cumprir ordens e a executar tarefas serviçais para seu senhor. Assim, erguendo bem alto o supercílio, desceis ao mesmo nível dos demais depois de mudar os nomes das coisas. Por conseguinte, eu suspeito que o mesmo fato também ocorra nessa afirmação, que à primeira vista é bela e elevada, de que o sábio não sofrerá injúria nem contumélia. Porém, há muita diferença se colocas o sábio ao abrigo da indignação ou ao abrigo da injúria. Pois, se dizes que ele suportará com serenidade, nenhum privilégio ele tem, e lhe acontece algo comum e que se aprende com a própria frequência das injúrias, ou seja, a paciência; se negas que ele receberá injúria, isto é, que ninguém tentará fazer-lhe, abandono todas as minhas atividades e me converto em estoico".

Eu realmente não decidi dotar o sábio de uma prerrogativa imaginária, apenas verbal, mas pô-lo em uma posição em que não se permita nenhuma injúria contra ele.

Como? Não haverá ninguém para provocá-lo, para tentar atacá-lo? Nada na natureza é tão sagrado que não encontre um sacrílego, mas nem por isso as criaturas divinas estão menos no alto se existem os que buscam acometer uma grandeza que está situada muito além deles, sem haver de atingi-la. Não é invulnerável algo que não recebe um golpe, mas aquilo que não sofre ferimento. Vou te mostrar um sábio desse nível. Acaso há dúvida de que a força mais confiável é a que é invencível e não a que não sofre ataque, já que é duvidosa a robustez não colocada à prova, porém, é tida merecidamente como a mais confiável a firmeza que repele todos os ataques? Do mesmo modo, saibas tu que um sábio é de natureza melhor se nenhuma injúria lhe é nociva do que se nenhuma lhe é feita. E eu direi que é um homem forte aquele que as guerras não subjugam, nem o apavoram as forças inimigas que se aproximam, e não aquele que desfruta de ócio sedentário no seio de povos inativos. Portanto, repito: o sábio não está sujeito a nenhuma injúria. Assim, não importa quantos dardos contra ele sejam arremessados, posto que nenhum pode penetrá-lo. Como a dureza de certas pedras não pode ser rompida pelo ferro, nem o diamante pode ser cortado ou quebrado ou mesmo limado, mas arruína o que se usa contra ele; assim como certas coisas não podem ser consumidas pelo fogo, mas, envolvidas pelas chamas, conservam sua consistência e aspecto; assim como certos rochedos, que se estendem para o alto, quebram o mar sem que eles próprios mostrem vestígio nenhum dessa violência depois de fustigados por tantos séculos, igualmente sólida é a alma do sábio, e acumulou tal resistência que está ao abrigo da injúria tanto quanto esses elementos que mencionei.

4 "E então? Não poderá haver alguém que tente fazer injúria ao sábio?" Tentará, mas esta não irá atingi-lo. Ele de fato se encontra afastado do contato com o que lhe é inferior por uma distância grande demais para que alguma força nociva possa fazer chegar sua influência até

ele. Mesmo quando os poderosos pretendem ser nocivos a ele, sendo não só eminentes pela dominação que exercem, mas influentes pela anuência dos que lhes são servis, todas as investidas deles perderão força bem abaixo de sua sabedoria, do mesmo modo que projéteis lançados para o alto por um arco ou por máquinas de arremesso, embora tenham subido para além do alcance da vista, declinam, no entanto, bem abaixo do céu. Como? Tu achas que, quando aquele famoso rei estúpido escureceu o dia com uma descarga de projéteis, alguma seta tenha alvejado o sol, ou que, depois de ele ter lançado grilhões sobre o mar, Netuno tenha sido atingido? Assim como as criaturas celestes escapam às mãos humanas e em nada a divindade é lesada pela ação dos que derrubam templos e fundem suas estátuas, igualmente tudo o que contra o sábio se pratica com empáfia, petulância, soberba são tentativas inúteis.

"Mas seria melhor que não houvesse ninguém que quisesse fazê-lo." Desejas coisa difícil para o gênero humano: a inofensividade. E o fato de não se fazer tem importância para os que têm intenção de fazer, não para aquele que não pode sofrer tal ação nem mesmo se lhe for feita. Ao contrário, talvez a tranquilidade em meio às provocações exponha mais ainda o vigor da sabedoria, tal como a maior prova de um general potente em armas e homens é sua segurança prudente no território dos inimigos.

5 Separemos, Sereno, se te parece adequado, a injúria e a contumélia. A primeira é por natureza mais grave, esta outra, mais leve, e grave apenas para os melindrosos, pela qual as pessoas não sofrem dano, mas ofensa; porém, tão grandes são a degradação e a futilidade das mentes que alguns julgam que nada é mais penoso. Assim, encontrarás um escravo que prefira ser golpeado com açoites em vez de murros e que ache a morte e as pancadas mais toleráveis do que palavras ofensivas. Chegou-se a uma estupidez tão grande que nos atormentamos não só pela dor, mas também pela suposição da dor, à maneira das

crianças, nas quais uma sombra, máscaras disformes ou faces contorcidas incutem medo, e até provocam lágrimas palavras desagradáveis a seus ouvidos, o movimento dos dedos e outras coisas que elas irrefletidamente rechaçam por um impulso errôneo.

3 A injúria tem o seguinte propósito: fazer o mal a alguém. A sabedoria, contudo, não deixa lugar para o mal — para ela o único mal é a torpeza, que não pode entrar ali onde já se encontram a virtude e a honradez. Portanto, se não existe injúria sem o mal, e não existe o mal se não há torpeza nem a torpeza pode atingir o que está imbuído de honradez, a injúria não atinge o sábio. De fato, se a injúria consiste em sofrer algum mal, mas o sábio não sofre mal 4 algum, nenhuma injúria recai sobre ele. Toda injúria é um rebaixamento daquele contra quem ela se lança, nem pode alguém receber uma injúria sem algum dano, seja de sua dignidade, seja de seu corpo ou de coisas situadas fora de nós. O sábio, entretanto, nada pode perder. Tudo ele preservou em si mesmo, nada confiou à fortuna, mantém seus bens em segurança, contente com sua virtude, que não carece dos dons da fortuna e por isso não pode sofrer nem acréscimo nem diminuição. Com efeito, o que se expandiu até o ápice não tem espaço para incremento, e nada a fortuna retira além daquilo que deu. Ora, ela não dá a virtude, por isso não a subtrai. A virtude é livre, inviolável, firme, inabalável, de tal modo endurecida contra as desventuras que nem mesmo pode ser curvada e menos ainda vencida. Em face de apetrechos de terror, mantém os olhos firmes, nada muda em seu rosto, a despeito de lhe ser exibida uma 5 realidade penosa ou favorável. Assim, não perderá nada do que ele verá como perecível. Está realmente de posse só da virtude, da qual não pode nunca ser destituído; das demais coisas faz uso temporário. Ora, quem se abala pela perda de um bem alheio? E se a injúria nada pode lesar desses bens que são próprios do sábio, porque, estando salva a virtude, salvos estão seus bens, ao sábio não se pode fazer injúria.

6   Demétrio, cognominado Poliorceta, havia tomado Mégara. O filósofo Estilbão, interrogado por ele se havia sofrido alguma perda, respondeu: "Nenhuma, tudo o que é meu tenho comigo". Mas seu patrimônio havia se convertido em despojo de guerra, suas filhas o inimigo havia arrebatado, sua pátria havia caído em domínio alheio, e um rei, circundado pelas armas do exército vitorioso, interrogava-o de um assento elevado. Ele, no entanto, arrancou-lhe a vitória e atestou que estava não só invicto, como indene, pois tinha consigo os verdadeiros bens, sobre os quais não se pode lançar as mãos, e aqueles, dissipados e saqueados, que estavam sendo levados, não os julgava seus, mas exteriores e resultantes do desejo da fortuna. Por isso, não os apreciava como bens próprios. Realmente, é instável e incerta a posse de tudo quanto nos vem de fora.

6 Pensa agora se um ladrão, um caluniador, um vizinho prepotente ou um velho ricaço que reina sem filhos poderiam fazer uma injúria a quem a guerra, o inimigo ou aquele que exerce a gloriosa arte de subjugar cidades nada puderam tirar. Em meio a espadas que de todo lado cintilam e ao tumulto dos soldados na rapina, em meio às chamas, ao sangue e aos escombros de uma cidade destruída, em meio ao colapso de templos que desabam em cima de seus deuses, um único homem manteve a paz. Assim, não há motivo para julgares audaciosa a promessa para a qual, se tenho pouca credibilidade, vou te dar um garantidor. É de fato difícil acreditares que tamanha firmeza ou tamanha magnitude de espírito possa aplicar-se a um homem. Mas aparece esse homem diante de todos nós para dizer: "Não há motivo para duvidares de que alguém, nascido como homem, possa elevar-se acima da condição humana, de que olhe com serenidade para as dores, os danos, as ulcerações, as feridas, os grandes tumultos que fervilham em torno de si, e suporte as situações duras com placidez e as situações prósperas com comedimento, sem ceder àquelas, nem confiar nestas, e possa manter-se exatamente o mesmo em

situações diversas, nem considere nada como seu exceto a si mesmo, e a si mesmo como a parte em que é melhor. Eis que me apresento para vos provar que, sob esse destruidor de tantas cidades, são abatidas fortificações a golpes de aríete, altas torres vêm repentinamente abaixo graças a sapas e fossos subterrâneos e se ergue um terraplano que alcança as mais elevadas fortificações, porém, não é possível encontrar nenhuma máquina que abale um ânimo solidamente assentado. Tirei-me há pouco para fora das ruínas de minha casa e, enquanto flamejavam incêndios por todo lado, escapei das chamas por entre mortos. Não sei que sorte tiveram minhas filhas, se pior que a da população. Sozinho, idoso e vendo-me cercado de condições hostis, no entanto, declaro que meu patrimônio está íntegro e incólume: mantenho-me na posse de tudo o que tinha de meu. Não há motivo para me teres como vencido e a ti como vencedor: a tua fortuna venceu a minha fortuna. Aqueles bens transitórios e que mudam de dono, não sei onde estão; quanto a meus bens, estão comigo e estarão comigo. Esses ricos perderam seus patrimônios, os libidinosos perderam seus amores e, com alto dispêndio de pudor, as amantes prediletas; os ambiciosos perderam a cúria, o fórum e os locais destinados ao exercício dos vícios em público; os agiotas, seus registros, nos quais a avidez imagina sorridente falsas riquezas; eu, entretanto, conservo tudo intacto e íntegro. Por isso, interroga essas pessoas que choram e se lamentam, que, para defender seu dinheiro, opõem seus corpos nus a espadas desembainhadas e que fogem do inimigo com o bolso carregado".

Saibas, portanto, o seguinte, Sereno: que o homem perfeito, pleno de virtudes divinas e humanas, nada perde. Seus bens estão circundados de defesas sólidas e intransponíveis. Não poderias comparar a elas as muralhas da Babilônia, que Alexandre invadiu, nem as fortificações de Cartago ou de Numância, conquistadas por uma única mão, nem a colina do Capitólio — esses locais trazem a marca do inimigo: as defesas que protegem o sábio são resistentes ao fogo e aos assaltos, não oferecem acesso algum, são elevadas, inexpugnáveis, iguais às dos deuses.

1 7 Não há por que afirmar, tal como costumas, que esse nosso sábio não se encontra em parte alguma. Não imaginamos isso como vão atributo da natureza humana nem concebemos uma imagem grandiosa de algo falso, mas já a mostramos e mostraremos qual a formamos, criatura rara, talvez, e única por grandes intervalos de tempo. Realmente, tudo o que é grande e que supera o limite habitual e comum não é gerado com frequência. De resto, o próprio Marco Catão, de cuja menção partiu esta discussão, receio que esteja acima de nosso modelo.

2 Depois, algo que causa um dano deve ser mais forte do que algo que sofre um dano; ora, a perversidade não é mais forte do que a virtude; portanto, não pode o sábio sofrer dano. A injúria contra os bons é intentada somente pelos maus. Os bons mantêm a paz entre si; os maus são tão perniciosos para os bons quanto entre si. Mas, se só o mais fraco pode sofrer dano e, além do mais, o mau é mais fraco que o bom, e os bons não devem temer injúria a não ser de quem é diferente deles, a injúria não atinge um homem sábio. Sem dúvida, já não é preciso lembrar-te de que

3 ninguém é bom senão o sábio. Alguém diz: "Se Sócrates foi injustamente condenado, ele sofreu injúria". Neste ponto convém entendermos que pode acontecer de alguém me fazer injúria e eu não recebê-la; é como se alguém roubasse uma coisa de minha casa no campo e a deixasse em minha casa na cidade: ele teria praticado um furto; eu nada teria

4 perdido. Alguém pode tornar-se culpado, embora não tenha cometido um ato culpável. Se um homem se deitar com sua esposa como se fosse a de outro, será um adúltero, embora ela não seja adúltera. Alguém me deu veneno, mas este perdeu sua virulência ao misturar-se com a comida: ele, ao dar o veneno, implicou-se em um crime, mesmo se não causou mal. Não é menos criminoso aquele cujo punhal

foi detido pela resistência da roupa. Todos os crimes se consumam o suficiente para haver culpa antes mesmo de efetuado o ato. Alguns atos são de tal condição e estão vinculados segundo uma relação tal que um pode ocorrer sem o outro, mas não vice-versa. Tentarei tornar evidente o que digo. Posso mover os pés sem correr, não posso correr sem mover os pés; posso não nadar mesmo estando na água, se estou nadando, não posso não estar na água. Tem essa condição também aquilo de que estamos tratando: se sofri uma injúria, é necessário que ela tenha sido feita; se foi feita, não é necessário que eu a tenha sofrido. Muitas coisas podem de fato acontecer que afastem a injúria: tal como algum acaso pode abaixar a mão que se dispunha a agredir e pode desviar dardos arremessados, de igual maneira alguma coisa pode repelir quaisquer injúrias e interceptá-las a meio caminho, de modo que, mesmo tendo sido feitas, não sejam recebidas.

8 Além disso, a justiça nada pode sofrer de injusto, porque coisas contrárias não se relacionam. Ora, uma injúria não pode ser feita senão de modo injusto. Portanto, ao sábio não pode ser feita uma injúria. Nem há motivo para admiração se ninguém lhe pode fazer injúria: nem mesmo é possível ser-lhe útil. E ao sábio não falta nada que ele possa receber de presente; inclusive uma pessoa má nada pode lhe dar que seja digno de um sábio, pois, antes de dar, ela deve ter. Contudo, ela nada tem que um sábio pudesse sentir alegria de ver transferido para ele.

Portanto, ninguém pode fazer mal ao sábio ou ser-lhe útil, posto que criaturas divinas nem desejam ajuda, nem podem sofrer dano; ora, o sábio está contíguo e próximo aos deuses; exceto pela condição mortal, é semelhante a um deus. Ao esforçar-se e dirigir-se para planos elevados, ordenados, tranquilos, que seguem um fluxo uniforme e harmônico, que são serenos, benignos, criados para o bem de todos, benéficos para si e para os demais planos, ele não cobiçará nada de insignificante, nada irá lamentar. Aquele que, apoiado na razão, avança com ânimo divino em meio às vicissitudes humanas, não tem onde receber uma injúria — achas que estou falando só daquela proveniente do homem? Nem sequer da fortuna, que, toda vez que combateu com a virtude, nunca se retirou em pé de igualdade. Se com ânimo sereno e plácido recebemos o mais intenso suplício, mais além do qual uma legislação enfurecida e mandatários os mais cruéis nada têm com que nos possam ameaçar, no qual a fortuna esgota seu poder, e se sabemos que a morte não é um mal, e por isso nem mesmo a injúria, muito mais facilmente toleraremos outras vicissitudes — danos e sofrimentos, humilhações, desterros, lutos, separações —, coisas que não abatem o sábio mesmo se o acometessem todas juntas, ainda menos ele iria afligir-se com os golpes de cada uma individualmente. E, se ele suporta com equilíbrio as injúrias da fortuna, quanto mais as de homens poderosos, que ele sabe serem agentes da fortuna!

1   9 Assim, ele resiste a tudo, ao rigor do inverno e às intempéries do clima, a febres e doenças e a outras casualidades, e não forma juízo tão positivo sobre alguém a ponto de achar que tal pessoa tenha feito algo com sabedoria, o que se dá unicamente com o sábio. Dos demais homens não são próprias as ponderações, mas as fraudes e insídias e os movimentos de alma irrefletidos, que o sábio enumera entre os fatos acidentais; todo fato fortuito, porém, é causa de crueldades ao redor de nós e contra coisas sem valor.

2   Pensa também o seguinte: o pretexto para as injúrias amplia-se largamente na proporção dos meios buscados para nos pôr em risco, tais como o suborno de um delator, uma falsa incriminação ou a incitação do ódio de poderosos contra nós e quaisquer outras violências que ocorrem entre homens trajados de toga. Existe também aquela injúria frequente, de suprimir o ganho de uma pessoa ou um prêmio há longo tempo desejado, de desviar uma herança que se havia tentado alcançar com grande empenho e de cancelar os

favores de uma casa da qual se obtinham proveitos. Dessas ações escapa o sábio, que não sabe viver nem na esperança nem no medo. Acrescenta agora o fato de que ninguém recebe uma injúria com ânimo sereno, mas perturba-se ao percebê-la; no entanto, carece dessa perturbação o homem liberto de erros, que tem domínio de si e está em profunda paz e serenidade. De fato, aquele, se o toca uma injúria, esta não só o disturba, mas o compele; já o sábio está isento de ira, que é provocada pela ideia de sofrer injúria, nem de outro modo ele poderia estar isento de ira se também não fosse inacessível à injúria, que ele sabe que não lhe pode ser feita. Daí ele ser tão confiante e contente, daí ser tomado de alegria contínua; porém, de tal modo ele não se abala diante de ataques vindos de situações e de pessoas que a própria injúria lhe é de utilidade, pela qual ele se põe à prova e experimenta sua virtude.

Peço-vos o favor de acolhermos essa proposição e de nos manter com ânimo e ouvidos benévolos enquanto se procura retirar da injúria o sábio. E nem por isso se está subtraindo nada de vossa petulância e tão rapinante cupidez, ou de vosso cego desatino e soberba: mantendo-se os vossos vícios a salvo, busca-se para o sábio a liberdade. Não estamos fazendo com que não vos seja possível praticar injúria, mas com que ele lance para o alto todas as injúrias e se defenda com tolerância e magnitude de espírito. Assim, em abomináveis combates muitos venceram as mãos dos que os golpeavam fatigando-os com paciência obstinada; considera que o sábio está nessa condição, a daqueles que por longa e perseverante prática conseguiram vigor para suportar e exaurir toda a força inimiga.

10 Dado que percorremos a primeira parte da discussão, passemos para a seguinte, em que refutaremos a contumélia com alguns argumentos específicos, mas a maioria deles comum a ambos os tópicos. Ela é menos grave que a injúria, e podemos lamentá-la mais do que persegui-la, e também as leis não a consideraram digna de qualquer

punição. Move esse sentimento uma debilidade de ânimo que se ressente por uma palavra ou uma ação de desprestígio: "Ele hoje não me recebeu, embora recebesse outros"; "Ele ou menosprezou com arrogância a minha fala ou riu dela abertamente"; "Ele não me colocou no leito do meio, mas no mais baixo", e outras queixas desse tipo. De que outro modo eu deveria chamá-las senão lamúrias de um melindroso? Nelas incorrem em geral pessoas delicadas e felizes, pois quem se sente premido por problemas maiores não tem tempo de notar essas coisas. As índoles por natureza frágeis e feminis devido a excessivo tempo livre, e que se comprazem na ausência de uma real injúria, veem-se perturbadas por tais fatos, a maior parte dos quais se assenta no equívoco de quem os interpreta. Assim, quem é afetado por uma contumélia mostra que em si mesmo não há nenhuma sabedoria nem confiança. Com efeito, ele se julga indubitavelmente menosprezado, e essa mágoa não ocorre sem certa debilidade do ânimo, que se deprime e se abate. O sábio, porém, não se sente menosprezado por ninguém, conhece sua grandeza e afirma para si mesmo que ninguém tem poder sobre ele, e todos esses sentimentos que eu poderia chamar não de males, e sim de contrariedades da alma, ele não se empenha em vencer, pois nem sequer os sente.

Outras são as coisas que ferem o sábio, mesmo sem o abaterem, como a dor e a debilidade física ou a perda de amigos e filhos e a destruição de sua pátria consumida pela guerra. Estas não nego que o sábio possa senti-las; de fato, não lhe atribuímos a dureza da pedra ou do ferro. Não é nenhuma virtude suportar o que não se sente. Então o que ocorre? Ele recebe alguns golpes, mas, depois de recebidos, supera-os, trata e fecha os ferimentos. Na verdade, os golpes menores nem sequer os sente, e contra eles nem faz uso daquela virtude de tolerar situações duras, mas ou não os nota ou os considera dignos de riso.

11 Além do mais, como são os arrogantes, os insolentes e os que conduzem mal a sua situação afortunada os que

provocam grande parte das contumélias, o sábio tem o meio pelo qual pode rejeitar esse sentimento inflado: a virtude mais bela de todas, a magnanimidade. Esta passa além de quaisquer sentimentos desse tipo, comparáveis a imagens vãs de sonhos e visões noturnas que nada têm de sólido e verdadeiro. Ao mesmo tempo, o sábio considera que todos eles estão em um estado baixo demais para chegarem a desprezar algo que está tão mais elevado. Contumélia, segundo se diz, deriva de *contemptus* ("desprezo"), porque alguém só dirige esse tipo de ataque a quem despreza. Todavia, ninguém despreza aquele que é maior e melhor, mesmo se age como costumam agir os que sentem desprezo. De fato, a criança pequena bate no rosto dos pais, desmancha e puxa os cabelos de sua mãe, cospe-lhe ou desnuda à vista dos seus as partes a serem cobertas e não poupa palavras mais obscenas, mas nada disso chamamos contumélia. Por que razão? Porque quem as faz não é capaz de desprezar. É a mesma a razão por que nos divertem as brincadeiras de nossos escravos contra seus senhores; e a ousadia deles se faz justificar contra convivas tão somente sob a condição de começar pelo senhor. E quanto mais desprezíveis são eles, mais soltas têm as línguas. Para essa finalidade, alguns compram moleques insolentes, estimulam a impudência deles e os deixam junto a um instrutor para que de propósito espalhem impropérios, e não chamamos isso de contumélias, e sim de gracejos: porém, quanta estupidez há em ora divertir-se, ora ofender-se, e uma coisa dita por um amigo chamá-la de afronta, dita por um escravinho, de insulto brincalhão!

12 A percepção que temos das crianças, o sábio a tem de todos os homens, que, mesmo depois da juventude e da velhice, permanecem na infância. Acaso progrediram esses homens cujo espírito é enfermo e cujas deficiências aumentaram enormemente, os quais diferem das crianças somente pelo tamanho e pela forma do corpo, sendo de resto não menos volúveis e inseguros, com uma sede indistinta de prazeres, nervosos, inclusive pacatos não por

temperamento, mas por temor? Ninguém poderia dizer que entre eles e os meninos há diferença porque estes são ávidos por dadinhos ou nozes e por pequenas moedas, e aqueles, por ouro, prata e por mesas circulares; porque estes, entre si, fazem-se de magistrados e imitam a toga pretexta, os fasces e o tribunal, e aqueles praticam a sério as mesmas atividades no Campo de Marte, no foro ou na cúria; estes, na praia, com montes de areia constroem castelos, e aqueles, como se estivessem realizando algo importante, ocupados em erguer pedras, paredes e tetos, transformaram em risco abrigos criados para a proteção de nossos corpos. Portanto, o engano dos mais avançados em idade é igual ao das crianças, mas diz respeito a coisas distintas e de importância maior. Por conseguinte, não sem razão o sábio encara como brincadeiras as suas contumélias e por vezes os adverte e os castiga como a crianças, não porque tenha sido afetado por uma injúria, mas porque eles a fizeram e para que deixem de fazê-la. De fato, assim também a montaria é domada com o açoite: não nos enfurecemos com esses animais quando recusam o cavaleiro, contudo os punimos para que a dor vença a contumácia. Portanto, verás solucionada igualmente aquela objeção que se nos faz: "Se o sábio não é afetado nem pela injúria nem pela contumélia, por que ele pune os que a fizeram?". Ele não se vinga, mas os corrige.

13 No entanto, qual é a razão para não acreditares que esta firmeza de ânimo ocorra em um homem sábio, quando te é possível notar em outros a mesma condição, embora de origem diversa? Que médico se enfurece com um louco? Quem recebe como ofensivos os insultos de uma pessoa febril à qual se negou água fria? O sábio tem para com todos o mesmo sentimento que o médico para com seus pacientes, dos quais nem recusa tocar as partes íntimas se carecem de tratamento, nem examinar os dejetos e os fluidos, nem suportar os gritos insultuosos dos que agridem por insânia. O sábio sabe que todos esses que

circulam trajando toga e púrpura, saudáveis e corados, são desatinados e não os vê de outro modo senão como doentes intemperantes. Assim, ele nem sequer se irrita se, em sua enfermidade, se atreveram a uma atitude mais petulante contra quem os está medicando e, com o mesmo ânimo com que julga sem valor as homenagens deles, igualmente julga os seus atos pouco respeitosos. Assim como não lhe causará agrado se um mendigo o reverenciar, nem irá considerar uma contumélia se um homem da mais baixa plebe não responder à sua saudação, tampouco ficará encantado se muitas pessoas ricas o admirarem: sabe que em nada elas diferem dos mendigos, sendo até mesmo mais miseráveis — aqueles carecem de pouco; estas, de muito. Além do mais, não se impressionará se o rei dos medas ou Átalo, rei da Ásia, passar por ele em silêncio e com expressão arrogante enquanto ele os saúda. Ele sabe que não há nada de invejável na condição de tal pessoa mais do que na daquela a quem, numa casa de ampla criadagem, coube cuidar de doentes e loucos. Acaso ficarei magoado se não responde ao meu cumprimento um dos que comerciam junto ao templo de Castor, comprando e vendendo escravos que nada valem, cujos abrigos estão lotados de um tropel formado dos piores escravos? Segundo penso, não. De fato, o que tem de bom aquele sob cuja dependência não há ninguém que não seja perverso? Portanto, assim como o sábio despreza a afabilidade ou a inafabilidade de tal homem, igualmente o faz em relação à de um rei: "Tu tens sob ti os persas, os medas e os bactrianos, embora os refreies pelo medo, embora por causa deles não tenha ocorrido de afrouxares o arco, embora inimigos dos mais terríveis, embora venais, embora estejam à espreita de um novo senhor". Ele, portanto, não será afetado pela contumélia de ninguém. Com efeito, por mais que todos sejam diferentes entre si, o sábio realmente considera todos iguais por causa de sua igual estupidez. Na verdade, se ele uma só vez se fizer descer de seu plano, de modo que seja afetado pela injúria ou pela contumélia, não poderá jamais estar seguro; todavia, a segurança é um bem próprio do sábio. Julgando que lhe tenha sido feita uma contumélia, não fará com que obtenha honra quem a infligiu. É de fato inevitável que uma pessoa sinta prazer em ser tida em consideração por quem a contragosto ela toleraria ser desprezada.

1   14 Tamanha demência domina alguns a ponto de acharem que uma contumélia lhes pode ser feita por uma mulher. Que importa quanto a consideram abastada, quantos lecticários tenha, quão adornadas as suas orelhas, quão espaçosa a sua liteira? Igualmente é uma criatura imponderada, e, se não lhe advieram conhecimento e muita erudição, é feroz, incontinente nos desejos. Alguns não suportam levar um esbarrão de um cabeleireiro e consideram uma contumélia o mau humor de um porteiro, a arrogância de um escravo nomenclador, a carranca de um camareiro: ah! quanto riso devem provocar cenas como essas, de quanto prazer se deve encher o espírito de quem contempla a própria serenidade em
2   meio ao tumulto dos erros alheios! "Mas como? O sábio não se aproximará de portas guardadas por um porteiro austero?" Ele, sem dúvida, irá tentar se uma necessidade o chamar e vai amolecê-lo, quem quer que ele seja, como a um cão bravo, lançando-lhe um petisco, e não vai ficar indignado de despender algum valor para transpor a soleira, considerando que em algumas pontes se paga pedágio. Assim, pagará também para aquele, seja quem for, que pratica esse tipo de taxa relativa às saudações: ele sabe que com dinheiro se compra o que está à venda. É de ânimo mesquinho quem se compraz em ter respondido com franqueza ao porteiro e quebrado seu bastão, ter ido até seu senhor e tê-lo feito açoitar. Quem entra numa contenda converte-se em adversário e, mesmo que vença, fica igualado ao oponente.

3   "Mas o que fará o sábio se levou uma bofetada?" O mesmo que Catão depois de terem lhe batido no rosto: não se inflamou, não puniu a injúria, nem mesmo a perdoou,

mas negou que tivesse sido feita; com um ânimo ainda maior do que se a tivesse perdoado, não a reconheceu. Não nos deteremos longo tempo nesse ponto; quem de fato ignora que para o sábio nenhuma das coisas que se crê como um mal ou um bem parece ser tal como para as demais pessoas? Ele não olha para o que os homens julgam como torpe ou miserável, não vai por onde vai o povo, mas, tal como os astros dirigem seu curso em sentido contrário ao do céu, assim também ele avança na direção oposta à da opinião comum.

15 Deixa de perguntas deste tipo: "O sábio, então, não sofrerá injúria se for surrado, se um olho lhe for arrancado? Não sofrerá contumélia se no foro ele for tratado com palavras insultuosas de pessoas sórdidas? Se no banquete de um rei lhe for ordenado que se ponha à mesa depois da refeição e coma junto com os escravos aos quais coube em sorte tarefas degradantes? Se for obrigado a tolerar alguma outra daquelas coisas que podem ser excogitadas como incômodas para um pudor sensível?". Por mais que essas situações se avultem em número e em gravidade, serão da mesma natureza: se as pequenas não o atingirem, nem mesmo as maiores; se poucas não o atingirem, nem mesmo muitas. Mas vós fazeis uma conjectura sobre a grandeza de seu espírito com base em vossa debilidade e, depois de considerar sobre quanto julgais que podeis suportar, colocais o limite da capacidade do sábio um pouco além da vossa. Porém, sua virtude o situou em outra dimensão do cosmo, de modo que ele não tem nada em comum convosco. Faz um levantamento de adversidades e de todas as situações difíceis de tolerar e das que repugna ouvir falar ou ver: ele não será esmagado pelo acúmulo delas e resistirá a cada uma tal qual a todas juntas. Quem diz que para o sábio uma coisa é tolerável, outra é intolerável, e mantém a grandeza de seu ânimo dentro de certos limites procede mal: a fortuna nos vence se não é inteiramente vencida por nós.

Para não julgares que essa é uma resistência estoica, Epicuro — a quem vós assumis como patrono da vossa inércia e o qual julgais preceituar uma atitude mole, indolente e voltada aos prazeres — afirma que "raramente a fortuna interfere na vida do sábio". Ele quase emitiu palavras próprias de um homem! Queres tu falar com mais força e suprimir totalmente a fortuna? A casa do sábio é apertada, sem luxo, sem estrépito, sem adornos, não vigiada por porteiros que repartem a turba de visitantes com venal arrogância, mas a fortuna não passa por esta porta vazia e livre de vigias: ela sabe que não tem ali um lugar onde existe algo de seu.

16 E se até Epicuro, que foi muito indulgente com o corpo, se insurge contra as injúrias, por que no nosso caso isso pode parecer inacreditável ou acima da capacidade da natureza humana? Ele afirma que as injúrias são toleráveis para o sábio; nós, que as injúrias para ele não existem. Nem há motivo para dizeres que isso repugna à natureza: não negamos que é uma coisa incômoda ser açoitado, golpeado e carecer de algum membro, entretanto negamos que todas essas coisas são injúrias; não eliminamos delas a sensação de dor, mas o nome de injúria, que não lhes pode ser atribuído restando intacta a virtude. Qual das duas doutrinas fala com mais exatidão veremos: ambas ao menos concordam quanto ao menosprezo da injúria. Indagas que diferença há entre as duas? A que existe entre os mais fortes gladiadores, um dos quais comprime o ferimento e resiste em sua posição, o outro, olhando para o público que grita, faz sinal de que não é nada e não aceita que intercedam no combate. Não há motivo para julgares importante aquilo sobre o que discordamos: os dois exemplos exortam àquela proposição de que tratamos, a qual, sendo uma só, é concernente a vós: desprezar as injúrias e aquilo que eu chamaria de sombras e suposições de injúrias, as contumélias, que, para serem desprezadas, não requerem um homem sábio, mas somente um que tenha plena consciência e que possa indagar para si mesmo: "Essas coisas me acontecem merecida ou imerecidamente?

Se merecidamente, não é contumélia, é uma crítica justa; se imerecidamente, aquele que pratica essa injustiça deveria enrubescer". E o que é que se denomina contumélia? Alguém zombou de minha calvície, de minha miopia, da magreza de minhas pernas e de minha estatura: que contumélia há em ouvir sobre o que é aparente? Rimos daquilo que é dito na presença de um só, na presença de muitos nos sentimos indignados, e a outros não damos a liberdade de dizer o que nós mesmos costumamos dizer sobre nós. O gracejo moderado é divertido, o exagerado é irritante.

17 Crisipo afirma que uma pessoa ficou indignada por alguém tê-la chamado de carneiro do mar. Vimos Fido Cornélio, genro de Ovídio Nasão, chorar no Senado depois que Corbulão o chamou de avestruz depenado. Diante de outras palavras malévolas que atingiam fundo seus costumes e sua vida, manteve-se firme a sua face; diante desse mote tão absurdo, irromperam-lhe as lágrimas, tamanha é a debilidade dos ânimos quando desaparece a razão. E o que dizer de quando nos sentimos ofendidos se alguém imita nosso modo de falar ou de andar, ou algum defeito do nosso corpo ou da nossa linguagem? Como se esses fatos ficassem mais perceptíveis na imitação de um outro do que em nós mesmos! Alguns ouvem contrariados falar de sua velhice, dos cabelos brancos e de outras coisas que se fazem votos para alcançar; falar mal de sua pobreza deixou alguns enfurecidos, no entanto, quem a esconde já se censurou por causa dela. Assim, dos petulantes e dos que gracejam por meio de insultos retira-se o argumento se espontaneamente o abordares primeiro. Não oferece motivo de riso quem ri de si mesmo. Conta-se que Vatínio, homem nascido para ser alvo tanto de riso quanto de ódio, foi um bufão não só espirituoso como mordaz. Ele próprio falava mal de seus pés e dos talhos em seu pescoço; desse modo escapara dos gracejos dos inimigos — e sobretudo dos de Cícero —, os quais eram mais numerosos do que suas doenças. Se foi capaz disso alguém que, pela aspereza

de sua língua, por meio de contínuos insultos desaprendera o sentimento de vergonha, por que não o seria aquele que, por meio dos estudos liberais e do cultivo da sabedoria, tenha alcançado algum progresso? Acrescenta que é um tipo de vingança negar a alguém que fez uma contumélia o prazer de tê-la feito. É comum alguém dizer: "Ah, que pena, acho eu, ele não entendeu!", a tal ponto o fruto da contumélia está na percepção e na indignação daquele que a sofre. Depois, para aquele não vai algum dia faltar o troco; há de se encontrar quem também te vingue.

18 Caio César, um contumelioso, entre outros vícios em que abundava, era movido pelo prazer intenso de ferir todos com alguma afronta, ele próprio sendo matéria muito fecunda de riso, tamanha era a feiura da palidez que atestava sua insânia, tamanha a expressão feroz de seus olhos ocultos sob a fronte envelhecida, tamanho o aspecto ruim de sua cabeça pelada e com uns respingos de cabelos postiços, e ainda a cerviz tomada de pelos, a finura das pernas e a enormidade dos pés. Seria infindável se eu quisesse referir cada um dos motivos pelos quais ele foi contumelioso com seus pais e avós, ou com cidadãos de todas as classes. Mencionarei aqueles que o levaram à ruína.

Ele tinha Valério Asiático entre seus principais amigos: homem feroz e que mal toleraria com calma ofensas feitas a outras pessoas. Para esse homem, durante um jantar, ou seja, como em uma assembleia, com voz bem alta, César expôs quais eram as qualidades da esposa dele na cama. Bons deuses! Um marido ouvir isso, um príncipe sabê--lo e chegar a tal ponto sua licenciosidade que, não digo para um ex-cônsul apenas, não digo para o amigo, mas simplesmente para o marido, o príncipe tenha narrado não só seu adultério como ainda sua decepção! Já, ao contrário, o modo de falar de Quérea, tribuno militar, não era correspondente ao valor de sua mão: tinha uma voz mole e bastante suspeita não fossem conhecidos os seus atos valorosos. Quando este lhe pedia uma palavra de ordem,

Caio ora lhe dava "Vênus", ora "Priapo", censurando continuamente a delicadeza do soldado; tais censuras, ele próprio as fazia em trajes transparentes, calçando sandálias e adornado de ouro. Obrigou-o, dessa maneira, a fazer uso do ferro para não lhe pedir mais a palavra de ordem. Foi ele o primeiro entre os conjurados a ter erguido a mão armada; foi ele que o decepou com um só golpe no meio da cerviz. Em seguida, foram-lhe cravados de toda parte numerosos golpes de espada que vingavam injúrias públicas e privadas, mas o primeiro foi aquele varão que menos aparentava sê-lo. E o próprio Caio, todavia, considerava tudo contumélia, assim como os que não toleram sofrê-la são os que mais desejam fazê-la. Ele ficou irado com Herênio Macrão porque o havia saudado como Caio e não deixou impune um centurião primipilo pelo fato de tê-lo chamado de Calígula. Costumava-se chamá-lo por esse apelido porque ele nascera em um acampamento militar e fora o pupilo das legiões, jamais tendo sido mais íntimo dos soldados com outro nome; mas, já depois de alçado em coturnos, considerava "Calígula" um insulto e uma desonra. Portanto, irá nos servir de consolo o seguinte: mesmo se nossa afabilidade renunciar à vingança, haverá alguém para punir o insolente, arrogante e injurioso, vícios que não se esgotam em um só homem, em uma única contumélia.

Olhemos para os exemplos daqueles cuja paciência louvamos, como o de Sócrates, que tomou positivamente as piadas contra ele feitas em público e vistas nas comédias, rindo-se delas, e não menos quando foi banhado de água suja por sua esposa Xantipa. Censurava-se a Antístenes sua mãe bárbara e nascida na Trácia: ele respondeu que também a mãe dos deuses era natural do monte Ida.

19 Não se deve chegar à rixa e ao antagonismo. Devemos nos apartar, e tudo o que for feito por insensatos (mas só por insensatos é que pode ser feito) deve-se deixar de lado e ter como indistintas as honrarias e as injúrias do povo. Nem doer-se por estas, nem alegrar-se por

aquelas. De outro modo, por temor de contumélias ou pelo aborrecimento, negligenciaremos muitas ações necessárias e não faremos frente a deveres públicos e privados, por vezes inclusive a vantajosos, enquanto nos aflige a preocupação muito pouco viril de ouvir alguma crítica contra nosso caráter. Por vezes irritados até mesmo contra poderosos, revelaremos esse sentimento com intemperante liberdade. Mas também não é liberdade nada sentir, enganamo-nos: liberdade é situar o ânimo acima das injúrias e constituir-se como um ser cuja felicidade lhe venha unicamente de si; é separar de si os eventos exteriores para não ter de levar uma vida atormentada, a temer o riso de todos, a língua de todos. De fato, quem é que não nos poderia fazer um insulto se qualquer um o pode? Porém, o sábio e aquele que aspira à sabedoria usarão de um remédio diverso. Os imperfeitos, que se pautam ainda pela opinião comum, devem imaginar o seguinte: que eles terão de viver em meio a injúrias e contumélias; tudo lhes chegará mais leve se já estiverem esperando. Quanto mais honorável é um homem por sua origem, fama e patrimônio, tanto mais valorosa é sua conduta, lembrado de que na linha de frente ficam as tropas mais graduadas. As contumélias, palavras injuriosas, ignomínias e outras desfeitas, ele suporta tal como o clamor dos inimigos, os dardos que passam longe, as pedras a crepitar em torno do capacete sem ferir. As injúrias, tal como golpes, uns cravados nas armas, outros no peito, ele sustenta sem cair e mesmo sem se mover de seu posto. Inclusive se sofres um cerco e uma pressão de violência feroz, é torpe, entretanto, ceder: protege o posto que te foi designado pela natureza. Perguntas que posto é esse? O de homem. O sábio dispõe de outro auxílio, que é o reverso deste, pois vós estais em combate; ele já alcançou a vitória. Não resistais a vosso bem e, durante o esforço para chegar à verdade, alimentai no ânimo essa esperança, acolhei de bom grado os melhores conselhos e buscai auxílio na crença e na vontade. Existir uma criatura invencível, existir uma pessoa contra a qual não tem poder a fortuna é do interesse da sociedade humana.

Notas

A cifra que encabeça cada nota remete ao número do parágrafo em cada capítulo, conforme tradicionalmente estabelecido na edição do texto latino e reproduzido no texto da tradução.

SOBRE A BREVIDADE DA VIDA

CAPÍTULO I

1 Pompeio Paulino, a quem é endereçado o diálogo, era de uma família proveniente de Árelas (Arles), no sul da Gália, e pertencia à classe dos cavaleiros, integrada por cidadãos abastados. É quase certo que ele era também o pai de Paulina, com quem Sêneca se casou possivelmente em algum momento depois de seu retorno do exílio, em 49. Conforme se lê no capítulo 18, 3 do presente diálogo, Paulino exerceu o cargo de *praefectus annonae*, responsável pelo abastecimento público. Considera-se que isso teria ocorrido entre 48 e 55 d.C., uma vez que Tácito (*Anais* XI, 31; XIII, 22) informa os nomes de outros ocupantes desse cargo imediatamente antes e depois daqueles anos, o que permitiria também supor que esse seria o período mais provável para a composição da obra. No entanto, é importante ter em vista que o dedicatário é, antes de tudo, um personagem ficcional do diálogo. Assim, os dados históricos relativos a ele devem ser vistos antes como elementos empregados para compor a verossimilhança da persona-

gem, sem haver necessariamente uma relação direta entre esses dados e a época real de composição da obra.

1 "esse sentimento" (*hic adfectus*): na psicologia estoica, o termo *adfectus* (gr. *páthe*) refere-se a várias espécies de transtorno psíquico, em geral resultantes do temor ou do desejo. Dado seu sentido amplo e técnico, em um total de dez ocorrências tanto neste diálogo como em *Sobre a firmeza do sábio*, optou-se, conforme o contexto, ora por "sentimento", ora por "transtornos passionais", ora por "emoções" e uma vez por "estados psíquicos".

1 "maior dos médicos": referência a Hipócrates (*c*. 460-375 a.C.) e citação de seu primeiro aforismo (*Aforismos* I, 1).

CAPÍTULO 2

2 "maior dos poetas": embora não seja possível saber a que poeta atribuir o verso citado por Sêneca, G. Mazzoli (*Seneca e la poesia*, 1970, p. 229) sustenta que seria de Virgílio, a despeito de a passagem citada não aparecer em sua obra atualmente conhecida.

3 "voltar-se para si mesmos" (*recurrere ad se*): referência ao tema do recolhimento na interioridade, conforme se lê em *Sobre a tranquilidade da alma*, 14, 2: "De todo modo, a alma deve retirar-se de tudo o que lhe é externo e voltar-se para si: tenha autoconfiança, alegre-se, valorize seus bens, distancie-se quanto puder dos bens alheios e consagre-se a si mesma, não se ressinta das perdas, interprete positivamente até os fatos adversos" (*animus ab omnibus externis in se reuocandus est: sibi confidat, se gaudeat, sua suspiciat, recedat quantum potest ab alienis et se sibi adplicet, damna non sentiat, etiam aduersa benigne interpretetur*).

CAPÍTULO 3

4 "Viveis como se sempre havereis de viver" (*Tamquam semper uicturi uiuitis*): o súbito endereçamento a um grupo de interlocutores é um recurso expressivo frequente no diálogo senequiano. O efeito assemelha-se ao de uma ruptura momentânea do jogo dramático do diálogo com o interlocutor imediato em razão do direcionamento inesperado da fala para uma plateia imaginária (ver adiante,

nota 6, 4 ao diálogo *Sobre a firmeza do sábio*). Convém também notar que, com muita frequência, o interlocutor singular, referido pelo pronome "tu", é genérico, e não necessariamente apenas o destinatário do diálogo.

5 "'A partir dos cinquenta anos vou me retirar'..." (*a quinquagesimo anno in otium secedam*): conforme se lê no capítulo 20, 4, faz-se menção aqui aos limites legais para o exercício da atividade militar e do cargo de senador.

O termo latino *otium* referia-se ao tempo livre das obrigações relativas a atividades públicas ou privadas (*negotia*), o qual era possível consagrar ao trabalho intelectual, preferencialmente ao estudo da filosofia ou também ao das artes liberais (astronomia, geometria, música, gramática, retórica, medicina), tidas por Sêneca como auxiliares daquela (cf. *Epístolas a Lucílio*, 88, 25). Como ressalta o próprio Sêneca, no capítulo 18, 2 do presente diálogo, o *otium* não deveria ser um *dolce far niente*: "Não te chamo para um repouso estéril ou inerte, não para que no sono e nos prazeres caros à turba mergulhes toda a índole vigorosa que há em ti; isso não é repousar" (*Nec te ad segnem aut inertem quietem uoco, non ut somno et caris turbae uoluptatibus quidquid est in te indolis uiuidae mergas: non est istud adquiescere*); sobre esse mesmo ponto é particularmente enfática a passagem seguinte, das *Epístolas a Lucílio*, 82, 3: "O ócio sem estudos é a morte e a sepultura de um homem em vida" (*Otium sine litteris mors est et hominis uiui sepultura*). Ao longo do diálogo, Sêneca contrapõe essas duas modalidades de *otium*, ressaltando o significado moralmente positivo dessa palavra, designativa do tempo disponível para ser empregado em proveito de si mesmo, como indica a exortação ao ócio que Sêneca faz a Paulino no início do epílogo (18, 1): "toma um pouco do teu tempo também para ti" (*aliquid temporis tui sume etiam tibi*).

CAPÍTULO 4

5 Otaviano (63 a.C.-14 d.C.), cognominado Augusto a partir do início do regime imperial, era sobrinho-neto de Júlio César, que o adotou como filho e o constituiu como principal herdeiro. Depois do assassinato de César, Augusto perseguiu seus opositores, integrantes da aristocracia

republicana, e formou o Segundo Triunvirato com dois líderes militares ligados a César: Marco Emílio Lépido e Marco Antônio. Para selar um pacto político com este último, introduziu-o em sua família dando-lhe sua irmã Otávia em casamento. Por fim, rompeu com Lépido e venceu a longa disputa política com Marco Antônio, levando-o à morte junto com Cleópatra, sua aliada e amante.

6 Entre 29 e 22 a.C., conspiraram contra Augusto, primeiramente, Lúcio Varrão Murena e Fânio Cepião, depois, Marco Emílio Lépido, filho do ex-triúnviro, e, por fim, Egnácio Rufo; todos, no entanto, fracassaram e foram executados. Júlia, filha de Augusto, que havia sido esposa, sucessivamente, de Cláudio Marcelo, Marco Agripa e do futuro imperador Tibério Nero, teve vários amantes e acabou sendo exilada em 2 d.C. A menção a Iulo, filho de Marco Antônio, é conjectural em razão de uma falha nos manuscritos. Iulo foi executado por adultério, em 2 d.C., pouco mais de trinta anos depois de seu pai ter perecido no Egito, unido a Cleópatra.

CAPÍTULO 5

1 Marco Túlio Cícero, quando cônsul, em 63 a.c., venceu a conspiração liderada pelo senador Lúcio Sérgio Catilina, mas foi condenado ao exílio cinco anos depois, por ação de Públio Clódio Pulcro, sob a acusação de ter ilegalmente determinado, sem julgamento, a execução dos conjurados. Para evitar a condenação, faltou-lhe o apoio de seus influentes aliados, Pompeu Magno e Marco Licínio Crasso. Em 43, estando já em colapso o regime republicano, Cícero foi morto por ordem de Marco Antônio.

2 Depois da derrota de Pompeu Magno, em 48 a.C., e de Catão e Metelo Cipião, em 46 a.C., Pompeu, o Jovem, fugiu para a Hispânia, onde, junto de seu irmão Sexto Pompeu, tentou resistir a Júlio César, mas sem sucesso.

CAPÍTULO 6

1 Marco Lívio Druso, eleito tribuno da plebe em 92 a.C. e morto em 91 a.c., apresentou leis de reforma social e agrária mais amplas que as dos irmãos Graco.

1 "vestindo a pretexta" (*praetextatus*): até atingir a maio-

ridade, aos dezesseis anos, os adolescentes das famílias aristocráticas romanas portavam a toga pretexta, igual à dos senadores e de alguns magistrados e sacerdotes, orlada de uma faixa purpúrea.

CAPÍTULO 7

3 "estudos liberais" (*liberales disciplinas*): ver, acima, nota ao capítulo 3, 5.

5 "Dele nada ficou sem uso e ocioso" (*nihil inde incultum otiosumque iacuit*): essa é a primeira ocorrência da palavra *otiosus*, e apenas nessa passagem ela tem valor negativo, equivalente a "sem utilidade", "perdido", em referência à noção de tempo; na sequência, ela será retomada nos capítulos 12 (§ 2, 3, 6, 7, 9) e 13 (§ 1), nos quais Sêneca ressalta o significado positivo do termo, enumerando exemplos em sentido contrário; por fim, no capítulo 14, 1, ele dá a definição positiva, não sem ironia, em razão do contraste com o significado banal: "De todos os homens, só os que estão disponíveis para a sabedoria são os 'ociosos'" (*soli omnium otiosi sunt qui sapientiae uacant*). Nesse sentido, portanto, o qualificativo aplica-se aos que dispõem de seu tempo isento de obrigações (*otium*) para dedicar-se ao próprio aprimoramento intelectual e moral.

10 Vale mencionar o comentário sarcástico de Sêneca, nas *Epístolas a Lucílio*, 93, 4: "'Viveu oitenta anos'. Não, existiu por oitenta anos, a menos que digas que ele viveu no mesmo sentido em que se diz que vivem as árvores" (*"Octoginta annis vixit." Immo octoginta annis fuit, nisi forte sic vixisse eum dicis quomodo dicuntur arbores vivere*).

CAPÍTULO 8

1 "algo incorpóreo" (*res incorporalis*): para os estoicos, tudo era substância corpórea, exceto o tempo, o espaço, os eventos e o significado das palavras.

2 "pensões e auxílios" (*annua, congiaria*): os *annua* eram pensões anuais e os *congiaria*, gratificações em víveres ou em dinheiro, dadas ao povo por magistrados em ocasiões solenes e durante dias festivos.

CAPÍTULO 10

1   Papírio Fabiano (c. 35 a.C.-35 d.C.) exerceu importante papel na formação de Sêneca. Discípulo de Quinto Séxtio, filósofo romano neopitagórico, destacou-se como filósofo e como declamador, isto é, como virtuose da oratória de entretenimento, em voga no início da época imperial.

1   "[...] esses transtornos deveriam ser esmagados, não sofrer meras escoriações": há uma falha nos manuscritos, para a qual Reynolds, conforme alguns outros editores que lhe antecederam, adota uma solução indicada entre chaves, porém, não incluída na tradução: [*non probat cauillationes*] <*uitia*> *enim contundi debere, non uellicari*, "[desaprovando o uso de sofismas], para ele, <essas imperfeições> deveriam ser esmagadas, não sofrer meras escoriações".

CAPÍTULO 12

1   "basílica" (*basilica*): edifício amplo, formado por uma nave central e duas outras laterais separadas por colunas e arcos — estrutura que mais tarde serviu de modelo para as igrejas cristãs. Em Roma, as basílicas abrigavam tribunais e funcionavam também como um centro de transações comerciais.

1   "leilões realizados pelo pretor" (*hasta praetoris*): referência à venda de bens confiscados em decorrência de proscrição política ou condenação judiciária ou provenientes de botins de guerra. Esses leilões eram presididos por um pretor, cuja função era similar à de um juiz na atualidade.

4   "Essas pessoas não usufruem de seu tempo, mas se ocupam de nulidades" (*non habent isti otium sed iners negotium*): a frase latina apresenta uma formulação lapidar, própria do estilo senequiano, baseada no jogo entre os antônimos *otium* e *negotium* e no oximoro *iners negotium* (lit. "atividade inerte").

8   "críticas ao luxo" (*ad exprobrandam luxuriam*): o vocábulo latino *luxuria* (que ocorre também no capítulo 14, 4) não se restringe ao desregramento sexual, mas designa qualquer tipo de intemperança. Como observa P. Veyne (1993, p. LXV): "Palavra intraduzível: a *luxuria* consiste em permitir-se tudo e a não se recusar nada" (*mot intraduisible: la* luxuria *consiste à tout se permettre et à ne rien se refuser*).

8   O mimo (*mimus*) era um gênero cômico teatral de origem

grega muito popular em Roma. Consistia na sátira de costumes por meio de improvisos e cantos; incluía cenas de nudez e imitações de personagens famosas.

CAPÍTULO 13

3 O cônsul Gaio Duílio obteve a primeira vitória naval contra os cartagineses em 260 a.C.; Mânio Cúrio Dentato, em 275 a.C., venceu o rei Pirro, que havia se aliado à cidade de Tarento contra Roma.

4 Ápio Cláudio Cáudice, neto de Ápio Cláudio, o Censor, foi cônsul em 264 a.C. e comandou uma expedição vitoriosa para expulsar os cartagineses e siracusanos de Messina. No ano seguinte, o cônsul Marco Valério Máximo obteve outra vitória nesse mesmo conflito, que, depois, resultaria na Primeira Guerra Púnica. A atribuição desse evento a Marco Valério Messala Corvino (64 a.C.-8 d.C.) pode dever-se a um equívoco de Sêneca, talvez intencional, em vista da intensa ironia que marca todo o trecho, para imitar as imprecisões de uma erudição superficial. A etimologia *Messana* > *Messalla* é falsa, segundo observação de A. Traina (2004, p. 70, n. 5).

7 "a jactância fútil de seu cognome": Cneu Pompeu era cognominado Magno (Grande). Em 48 a.C., depois de derrotado por César, buscou refúgio no Egito. Teódoto, preceptor do príncipe egípcio e regente do reino, mandou dois emissários para matar Pompeu, talvez pelo temor de que ele tivesse intenção de se apoderar do Egito.

8 Lúcio Cecílio Metelo foi cônsul em 251 a.C., ano em que comandou as forças romanas contra os cartagineses. Lúcio Cornélio Sula (138-78 a.C.), referido pouco antes, no parágrafo 5, foi cônsul em 88 a.C. e ditador entre 82 a.C. e 79 a.C.

8 O pomério era uma antiga delimitação da área urbana de Roma, que, porém, não coincidia com o limite administrativo da cidade: consistia em uma linha imaginária de significado e função unicamente religiosos. Na opinião de Miriam T. Griffin (1976, p. 404), o erudito mencionado por Sêneca, em virtude de uma possível atitude de oposição tácita a Cláudio, teria deliberadamente omitido o fato de que, em 49 d.C., esse imperador havia estendido o pomério, fazendo-o abranger o monte Aventino, após a incorporação da Britâ-

nia como território provincial, de modo que a ausência dessa informação no diálogo não seria válida, segundo ela, para situar sua datação em 49, antes da referida ampliação, como propuseram alguns estudiosos.

CAPÍTULO 14

4 "nome [...] mil vezes sussurrado" (*insusurratum miliens nomen*): quanto mais rico era um cidadão, maior era o número de seus *clientes*, aos quais, como patrono, ele oferecia assistência jurídica e alguma contribuição em dinheiro ou alimentos quando vinham a sua casa para a *salutatio* matinal, ocasião em que seus nomes eram anunciados por um escravo denominado *nomenclator*.

CAPÍTULO 15

3 "Existem as famílias das mais renomadas mentes" (*nobilissimorum ingeniorum familiae sunt*): referência metafórica às diferentes doutrinas filosóficas, cada uma associada à figura de um pensador.

CAPÍTULO 16

5 Alusão ao episódio amoroso de Júpiter com Alcmena, em que o deus duplicou a duração da noite em companhia da amada (cf. Plauto, *Anfitrião*).

CAPÍTULO 17

2 "o mais insolente dos reis persas" (*Persarum rex insolentissimus*): alusão ao rei Xerxes, que invadiu a Grécia com enorme exército e foi derrotado em Salamina em 480 a.C. Ver adiante, à página 73, nota do capítulo 4 do diálogo *Sobre a firmeza do sábio*.

4 "quanto mais elevada é uma situação, tanto mais está exposta à queda" (*quo altius surrexerit opportunius est in occasum*): lugar-comum encontrado também no coro 1 da tragédia *Agamêmnon*, de Sêneca, v. 100-101: "O que para o alto/ a Fortuna levou há de arruiná-lo" (*Quidquid in altum/ Fortuna tulit, ruitura leuat*).

6   Caio Mário (157-86 a.C.), depois de vitoriosa carreira militar, elegeu-se cônsul em 107 a.C. e obteve na sequência mais cinco consulados sucessivos, entre os anos 104 e 100; morreu em janeiro de 86, logo após assumir o sétimo consulado. Lúcio Quíncio Cincinato (519-439 a.C.) notabilizou-se como exemplo de simplicidade e desapego às riquezas e honrarias, pois, segundo a lenda, estava arando a terra em sua propriedade quando recebeu o informe de sua nomeação pelo Senado como ditador, magistratura de caráter excepcional, com duração de até seis meses, concedida para combater uma crise ou ameaça ao Estado. Depois de rapidamente solucionar a crise para a qual fora convocado, Cincinato renunciou ao mandato e retomou sua atividade agrícola. Pouco antes de morrer, foi ainda indicado para exercer uma segunda ditadura. Públio Cornélio Cipião (236-183 a.C.) foi enviado à Hispânia, em 211, com 25 anos, para combater o cartaginês Asdrúbal; foi cognominado Africano em 202, após vencer Aníbal na localidade africana de Zama. Em 190, atuou como conselheiro de seu irmão, Cipião Asiático, na expedição vitoriosa contra Antíoco, rei da Síria. Não consentiu que fosse erguida uma estátua sua no templo de Júpiter, deus protetor do Estado romano. Acusado por tribunos da plebe de desviar recursos públicos, optou por exilar-se de Roma para não responder a processo judicial. Viveu seus últimos anos em sua propriedade na região da Campânia.

CAPÍTULO 18

5   "morreu Caio César — sofrendo profundo desagrado [...] por ver que [...]" (*C. Caesar perît* [...] *hoc grauissime ferens, quod uidebat* [...]): nessa passagem, e igualmente no capítulo 20, 3, faz-se referência ao imperador Calígula (12-41 d.C.). Quanto ao restante da frase, diante de divergências nos manuscritos envolvendo as palavras acima destacadas, diferentes editores optam por uma variante que lhes pareça mais justificável. Assim, por exemplo, divergindo da lição adotada por Reynolds, que se vê acima, Traina preferiu a lição do manuscrito: "muito satisfeito" (*hoc gratissime ferens*) e adotou a correção *quod ducebat* ("por calcular que"), em lugar de *quod dicebat* ("por dizer

que"), encontrada nos manuscritos. Sêneca faz referência a dois eventos: a ordem dada por Calígula, em 39, de estender entre as localidades de Baia e Pozzuoli, nas imediações de Nápoles, uma ponte formada por navios de carga usados para o transporte de grãos, e a carestia ocorrida em Roma entre 40 e 41, decorrente de uma crise de abastecimento, possivelmente causada pela inatividade daquelas embarcações estacionadas um ano antes, por decreto do imperador.

5 "A imitação de um rei ensandecido" (*furiosi* [...] *regis imitatio*): a frase refere-se ao paralelo entre a ação determinada por Calígula de posicionar uma fila de navios entre Baia e Pozzuoli e uma ação similar que o rei Xerxes, mencionado no capítulo 17, 2, havia empreendido no estreito de Dardanelos, por ocasião de sua expedição contra a Grécia.

CAPÍTULO 19

1 "qual é a natureza de deus" (*quae materia sit dei*): sobre essa passagem, P. Veyne (1993, p. 285, n. 4) faz o seguinte comentário: "Aqui, Sêneca não fala mais como filósofo em geral, mas como estoico. A 'matéria' de deus é o fogo (não misturado ao ar, diferentemente da alma humana). Uns diziam que o deus não era outra coisa senão o 'influxo nervoso' do cosmo, mas outros, mais panteístas, confundiam-no com o cosmo; para estes últimos, a 'forma' do deus não era outra senão a do cosmo: uma esfera perfeita. [...]" (*Ici, Sénèque ne parle plus en philosophe en général, mais en stoïcien. La "matière" du dieu est le feu (non mêlé d'air, à la différence de l'âme humaine). Les uns disaient que le dieu n'était que l' "influx nerveu" du cosmos, mais d'autres, plus panthéistes, le confondaient avec le cosmos; pour ces derniers, la "forme" du dieu n'était autre que celle du cosmos: une sphère parfaite* [...]).

CAPÍTULO 20

1 "Para que um só ano seja datado pelo nome deles" (*Vt unus ab illis numeretur annus*): entre os romanos, usava-se indicar a datação por referência ao número de anos desde a fundação da cidade ou, mais comumente, ao par de cônsules anuais, como, por exemplo, em Tito Lívio,

História romana VII, 2, 1: "no consulado de C. Sulpício Pético e C. Licínio Estolão, houve uma epidemia" (*C. Sulpicio Petico C. Licinio Stolone consulibus pestilentia fuit*). Assim, neste último caso, para precisar uma data, em geral era necessário consultar uma lista em que constavam os nomes do par de cônsules de cada ano.

5 "conduzidos sob fachos e círios" (*ad faces et cereos ducenda*): os funerais de crianças eram conduzidos durante o dia sob tochas e círios acesos.

SOBRE A FIRMEZA DO SÁBIO

CAPÍTULO 1

1 Lúcio Aneu Sereno é o mesmo dedicatário do diálogo *Sobre a tranquilidade da alma* e, provavelmente, de *Sobre o tempo livre* (*De otio*).

3 Marco Pórcio Catão (95-46 a.C.), líder republicano, aliado de Pompeu Magno no conflito contra Júlio César, suicidou-se em Útica, no norte da África, após a derrota das forças de Pompeu. Os rostros e o arco de Fábio situavam-se na área do antigo foro romano, separados por cerca de duzentos metros.

CAPÍTULO 2

1 Públio Vatínio e Públio Clódio Pulcro foram líderes políticos aliados de Júlio César e opositores da aristocracia republicana. Vatínio, mencionado outra vez mais adiante (em 17, 3), também é conhecido por ter sido alvo de um discurso proferido por Cícero em 56 a.C. (*In Vatinium testem*, "Contra o testemunho de Vatínio").

2 "o mundo inteiro, dividido em três": alusão ao Primeiro Triunvirato, resultante do acordo que César, Pompeu e Crasso firmaram em 60 a.C. para exercerem o controle político e militar em Roma.

CAPÍTULO 4

2 "rei estúpido": referência a Xerxes, rei persa entre 485 e 465 a.C., cuja soberba se tornou emblemática. As alusões

referem-se a episódios da guerra entre a Pérsia e a Grécia, vencida pelos gregos em Salamina (cf. Heródoto, *Histórias* VII, 35; 45-6; 226). O exemplo de Xerxes converteu-se em lugar-comum na tradição escolástico-declamatória, por isso devia ser bastante familiar para o público leitor ao qual se endereçava este diálogo. Sêneca, o Velho, pai do filósofo, em sua obra sobre a oratória da época imperial, relembra sentenças sobre os combatentes de Salamina enunciadas por dois declamadores em uma suasória: "Esse (Xerxes), que encobriu o mar sob sua esquadra, que delimitou continentes, dilatou o mar, que ordena existir nova configuração da natureza, pode sem dúvida erguer trincheiras contra o céu: eu, como aliados, terei os deuses"; "Ele (Xerxes) irá com suas armas submeter os continentes, com suas flechas, o céu, com correntes, os mares" (Suasória II, 17-8). Menções a Xerxes ocorrem também no diálogo *Sobre a brevidade da vida*, 17, 2 e 18, 5.

CAPÍTULO 5

1 "Separemos [...] a injúria e a contumélia" (*diuidamus* [...] *iniuriam a contumelia*): nos capítulos 5 a 9 trata-se da injúria; nos capítulos 10 a 18 discute-se sobre a contumélia.

CAPÍTULO 6

2 "magnitude de espírito" (*magnitudo animi*, gr. *megalopsychía*): estado de consciência que permite colocar-se fora da influência de situações ou fatos ocorrentes.

4 "Eis que me apresento para vos provar [...]": nesta passagem, a personagem do sábio, à qual a persona de Sêneca dá voz no jogo dramático do diálogo, volta-se repentinamente para uma audiência imaginária.

CAPÍTULO 9

1 "[...] e contra coisas sem valor" ([...] *et in uilia*): frase de sentido hipotético, cujos elementos são conjecturais.

CAPÍTULO 10

2 "Ele não me colocou no leito do meio, mas no mais baixo" (*'non in medio me lecto sed in imo conlocauit'*): nas casas aristocráticas, os convivas ceavam deitados no triclínio, conjunto de três leitos de alturas diferentes, colocados em torno de uma mesa quadrada. O leito do meio era o mais elevado, reservado ao lugar de honra.

CAPÍTULO 11

2 "Contumélia, segundo se diz, deriva de *contemptus*" (*Contumelia a contemptu dicta est*): relação etimológica aceita na Antiguidade, embora provavelmente incorreta: segundo A. Ernout & A. Meillet (*Dictionaire étymologique de la langue latine*, s.v.), que remete a E. Benveniste (*Formation des noms en i.e.*, p. 42), o vocábulo estaria relacionado a uma forma substantiva, *con-tum-el ("inchaço, insolência, provocação"), talvez composta do mesmo radical de *tumeo* (inchar).

CAPÍTULO 13

3 "o rei dos medas ou Átalo, rei da Ásia" (*rex Medorum Attalusue Asiae*): referência novamente a Xerxes e a um dos reis da dinastia dos Atálidas, cujo último monarca, Átalo III, ao morrer, em 133 a.C., legou seu reino a Roma, o qual foi convertido na província da Ásia.

5 "a segurança é um bem próprio do sábio" (*securitas autem proprium bonum sapientis est*): o fundamento da *securitas* é a magnitude do espírito (*magnitudo animi*), uma vez que esse estado permitiria desconsiderar fatos externos e, portanto, eliminar o temor relativo a eventuais infortúnios.

CAPÍTULO 14

1 "o mau humor de um porteiro, a arrogância de um escravo nomenclador" (*ostiari difficultatem, nomenculatoris superbiam*): ver, antes, nota ao diálogo *Sobre a brevidade da vida* 14, 4. Conforme a afluência, a entrada dos clientes na casa do patrono era regulada por um escravo porteiro.

CAPÍTULO 17

1   Crisipo de Solis (*c.* 280-208 a.C.), terceiro escolarca dos estoicos. Cneu Domício Corbulão destacou-se como comandante em campanhas militares no Oriente; suicidou-se em 67 d.C. depois de sua implicação na conjura contra Nero, liderada por Pisão, seu genro, a mesma que levou à condenação do filósofo Sêneca.

CAPÍTULO 18

1   Caio César, nome com que Sêneca designa Calígula (como em *Sobre a brevidade da vida* 18, 5 e 20, 3). Caio era seu primeiro nome, "César" tornou-se um tílulo pelo qual todo imperador depois de Tibério passou a ser designado; "Calígula", o diminutivo de "caliga", calçado típico dos soldados romanos, foi um apelido dado a Caio ainda menino pelos soldados subordinados a seu pai, o general Germânico; a referência ao coturno é irônica, pois se trata de um calçado elevado, usado em cena pelos atores trágicos.

2   Valério Asiático foi senador da Gália Narbonense (sul da atual França) e cônsul por duas vezes. Processado por envolvimento na morte de Calígula, suicidou-se em 47 d.C.

3   Cássio Quérea, tribuno de uma coorte pretoriana, agrupamento de elite do Exército romano, distinguiu-se em confrontos na Germânia na época de Tibério. Foi condenado à morte sob Cláudio, pela participação no assassinato de Calígula. Era costume um comandante militar pedir ao imperador uma palavra de ordem, conforme se lê em Tácito, *Anais* XIII, 2, 3: "e ao tribuno que, segundo uso militar, lhe pedia uma palavra de ordem, ele (sc. Nero) deu 'mãe excelente'" (*signumque more militiae petenti tribuno dedit optimae matris*).

Bibliografia

TEXTO LATINO

REYNOLDS, L. D. L. Annaei Senecae *dialogorum libri duodecim. Recognouit breuique adnotatione critica instruxit.* Oxford: Oxford University Press, 1977.

TRADUÇÕES E ESTUDOS

GRIFFIN, M. T. *Seneca, a Philosopher in Politics*. Oxford: Oxford University Press, 1976.
SENECA. *Dialogues and Essays*. Tradução de J. Davie. Introdução e notas de T. Reinhardt. Oxford: Oxford University Press, 2007.
SENECA, L. A. *Diálogos*. Introdução, notas e tradução de Carmen Cordoñer. Madri: Editora Nacional, 1984.
SENECA. *Dialoghi*. Org. de G. Viansino. *Lettere morali a Lucilio*. Org. de F. Solinas. Milão: Mondadori, 2008.
SENECA, L. A. *La brevità della vita, Sulla felicità, La tranquillità dell'animo*. Introdução de A. Traina, A. Schiesaro e G. Lotito. Trad. de A. Traina, D. Agonigi e C. Lazzarini. Texto latino a frontispício. Milão: Fabbri Editori, 2004 (1996).
SENECA, L. A. *La brevità della vita*. Introdução de Caterina Barone, prefácio, tradução e notas de Marco Ciceri, com um ensaio de Luciano Canfora. Milão: Garzanti, 2014.
SENECA, L. A. *La fermezza del saggio, La vita ritirata*. Introdução, tradução e notas de N. Lanzarone. Milão: BUR Rizzoli, 2010.

SENECA. *De breuitate uitae*. Org. de Tommaso Gazzarri. Milão: Mondadori, 2014.

SENECA, L. A. *Dialoghi morali*. Tradução de G. Manca. Introdução de C. Carena. Texto latino a frontispício. Turim: Einaudi, 1995.

SENECA. *Moral Essays*. Trad. de John W. Basore. Cambridge, MA: Harvard University Press, 1985.

SÊNECA. *Sobre a brevidade da vida*. Tradução, introdução e notas de William Li (edição bilíngue). São Paulo: Nova Alexandria, 1993.

SÊNECA. *Sobre a providência divina, Sobre a firmeza do sábio*. Tradução, introdução e notas de Ricardo da C. Lima. São Paulo: Nova Alexandria, 2000.

SÉNÈQUE. *Entretiens; Lettres à Lucilius*. Trad. de A. Bourgery. Revisão da tradução, introdução e notas de P. Veyne. Paris: Robert Laffont, 1993.

DICIONÁRIOS

GAFFIOT, F. (Ed.) *Dictionnaire latin-français*. Paris: Hachette, 1934.

LEE, G. M. et al. (Eds.). *Oxford Latin Dictionary*. Oxford: Clarendon, 1968.

LEWIS, C. T.; SHORT, C. *A Latin Dictionary*. Oxford: Clarendon, 1958 (1879).

MONIZ, F. F. de S. (Org.). *Dicionário latim-português*. Porto: Porto Editora, 1966, 2001.

SARAIVA, F. R. dos S. *Novíssimo dicionário latino-português*. Rio de Janeiro: Garnier, 1993.